मेरी धूप मेरा साया

(ग़ज़लें, नज़्में और कविताएँ)

मेरी धूप मेरा साया

शैलेन्द्र कुमार पांडेय

हिन्द युग्म

ISBN : 978-93-92820-56-4

प्रकाशक:
हिंद युग्म
सी-31, सेक्टर-20, नोएडा (उ.प्र.)-201301
फ़ोन- +91-120-4374046

मुद्रक : श्री मैत्रे प्रिंटेक प्रा. लि., नोएडा
कला-निर्देशन : विजेन्द्र एस विज
पहला संस्करण : फ़रवरी 2023
मूल्य : ₹249

Meri Dhoop Mera Saaya
A collection of poems by *Shailendra Kumar Pandey*

Published By
Hind Yugm
C-31, Sector-20, Noida (UP)-201301
Phone- +91-120-4374046
Email : sampadak@hindyugm.com
Website : www.hindyugm.com

First Edition: Feb 2023
Price: ₹249

समर्पित है

उन संवेदनाओं और अनुभूतियों को जो मेरे ज़ेहन में धूप बनकर छा गई हैं और साये के रूप में मुझमें एक कवि, शायर और लेखक को जन्म दे दिया है।

'जिसने काम अनन्य किया
अलबेला अनुमन्य किया
उसी ने धरती धन्य किया
नाम अमर मूर्धन्य किया'

– शैलेन्द्र कुमार पांडेय

स्वीकृतियाँ और अभिस्वीकृतियाँ

लगभग प्रत्येक कवि, शायर या लेखक को अपनी किताब के बारे में प्रस्तावना, तर्जुमा या उनवान लिखने की रवायत से गुज़रना ही पड़ता है, जिसमें बहुत सारी स्वीकृतियाँ और अभिस्वीकृतियाँ शामिल रहती हैं। मैं भी इससे मुख़्तलिफ़ नहीं हूँ। सो मैं भी हाज़िर हूँ आपके सामने!

मुझे कविताओं और शायरी से प्रेम तो छात्र जीवन से रहा है लेकिन यह प्रेम किताब की शक्ल ले लेगा, मुझे इसका तनिक भी इल्म नहीं था। शायद हर एक कवि या शायर को आम पाठकों और श्रोताओं की तरफ़ से पूछे गए एक शाश्वत प्रश्न का सामना करना ही पड़ता है कि आपके द्वारा लिखी गई कविताओं और शायरी का केंद्र बिंदु, प्रेरणा या ट्रिगर प्वॉइंट क्या है ? यह सच है कि कविता और शायरी इंसानी जज़्बात का एक तेज़ बहाव होती है। बिलकुल बादल फटने की तरह।

प्रकृति के सुकुमार कवि पंडित सुमित्रानंदन पंत ने सच ही कहा है–'वियोगी होगा पहला कवि; आह से उपजा होगा गान, निकलकर आँखों से चुपचाप; बही होगी कविता अनजान।' कोरोना काल में भारत बंद और समय-समय पर लगाए गए प्रतिबंधों के चलते मुझे अक्सर ख़ाली समय मिल जाया करता था। मैं उसी ख़ाली समय में कभी-कभी कविता और शायरी लिखने की कोशिश करता था। कोरोना की दूसरी लहर ने तो कुछ दिनों के लिए एक भयावह माहौल बना दिया। ऐसा लगने लगा कि

मानवता एक अप्रतिम संकट के दौर से गुज़र रही है। कई निकट परिचितों की हृदय विदारक मौतों ने मुझे भीतर से झकझोरकर रख दिया। मैं ऐसे ही किसी बिछोह और बिछुड़न की मन:स्थिति में कोरोना की दूसरी लहर के दौरान कविता लिख रहा था तो सहसा मेरे मस्तिष्क में यह विचार आया कि वे लोग किस हाल में होंगे जिनसे मैं अपने जीवन में कभी मिला तो था लेकिन जिन्हें वक़्त ने स्मृतियों के नेपथ्य में धकेल दिया।

बचपन से लेकर जवानी तक के जीवन में बहुत सारे दोस्त, लोग और मक़ाम आए और समय के प्रवाह में न जाने फिर कहाँ खो गए! कोरोना ने जीवन की नि:सारता को बहुत गहराई से समझा दिया था। मैंने सुना था कि कविताएँ और शायरी एक न्यूरोलॉजिकल प्रभाव पैदा करती हैं। शायद इसी प्रभाव के चलते मैं भी फ़्लैशबैक में जाने लगा और अंतत: बहुत सारी पीड़ाओं और प्रश्नों ने मुझे घेर लिया। अतीत की कोह संवेदनाएँ और अनुभूतियाँ मेरे ज़ेहन में जज़्बात की धूप बनकर छा गईं और साये के रूप में मुझमें एक कवि, शायर और लेखक को जन्म दे दिया। मेरा यह मानना है कि कविता और शायरी एक तरफ़ जहाँ ख़ुद को परिष्कृत और परिमार्जित करने का मौक़ा देती हैं वहीं दूसरी तरफ़ कभी-कभी जीवन के कुछ अपराधबोधों को शरण भी देती हैं जिनकी वजह से कवि और शायर कुछ हद तक भार-मुक्त महसूस करता है। ग़ज़लें, कविताएँ और नज़्में सच्ची घटनाओं की ज़मीन पर ही तामीर होती हैं और कल्पनाएँ इनमें कंगूरे की मानिंद सौंदर्य को बढ़ाती हैं।

मैंने एक बार कहीं पढ़ा था कि कुछ किताबें तब बेहतर थीं जब वो पेड़ थीं। मैं बहुत दिनों तक यह सोचता रहा कि क्या मेरी रचनाएँ इस योग्य हैं कि मैं इन्हें छपवाऊँ और किताब की शक्ल दूँ? मैं फ़ेसबुक पर अक्सर लिखता रहता हूँ और पाठकों की अच्छी प्रतिक्रियाएँ भी मिलती रहती हैं। मैंने कई लोगों से फ़ोन पर सुझाव भी माँगे कि क्या मुझे अपनी रचनाओं को किताब की शक्ल देनी चाहिए? बातों-बातों में मेरे एक प्रशंसक ने मुझसे कहा कि कवि और शायर की हर रचना अपने आप में नायाब होती

है और वो किसी की तारीफ़ की मोहताज नहीं होती है इसलिए मुझे अपनी रचनाओं को एक घर यानी किताब का तोहफ़ा देना चाहिए। सो बहुत सारी व्यस्तताओं और बाधाओं के बावजूद मैंने अपनी रचनाओं को किताब की शक्ल देने का निर्णय लिया है।

मेरी इस किताब में शुरू की कुछ रचनाओं में उर्दू अदब (साहित्य) के शास्त्रीय नियमों जैसे रदीफ़, क़ाफ़िया और बहर का यथासंभव पालन किया गया है। शेष रचनाओं में मैं किसी साहित्यिक सौंदर्यबोध या व्याकरणिक मानक की संभावना से अनभिज्ञ हूँ। मेरी ग़ज़लें, कविताएँ और नज़्में हृदय से निकली हुईं सहज भावनाएँ हैं और चूँकि मेरी क़लम से ये पहली मर्तबा काग़ज़ पर उतरी हैं, लिहाज़ा मेरे मन में इनके प्रति पहले प्यार के जैसा सम्मोहन है। मैं नहीं जानता कि मेरी कविता और शायरी मानवीय भावनाओं के कितने पहलुओं को छू पाई है या किन उद्वेगों को समेटे हुए है इसीलिए आप सभी से गुज़ारिश है कि मेरी कविता और शायरी का मूल्यांकन किसी बड़ी उम्मीद के साथ न करें। इसे सिर्फ़ एक नये-नवेले कवि और शायर की रचना ही समझें। यह किताब मेरे साहित्यिक जीवन की एक औपचारिक शुरुआत भर है। मैं आप सभी की प्रतिक्रियाओं और प्रोत्साहन से निःसंदेह अपने लेखन में सुधार करता रहूँगा और ख़ुद को परिमार्जित करते हुए बेहतर लिखने की कोशिश करूँगा।

बड़े भाई श्री राजीव कुमार पांडेय (असिस्टेंट प्रोफ़ेसर एवं शोध अध्येता), भाभी श्रीमती सुष्मिता पांडेय जी, भांजे श्री प्रकाश (पीसीएस), चंद्रमौली (शोध अध्येता), डॉक्टर पंकज, विपुल, प्रेम एवं भांजी प्रियंका तथा डॉक्टर तन्वी प्रभा पांडेय को मेरा हौसला बढ़ाने के लिए विशेष धन्यवाद, मैं बरसों तक यह पूछकर जिनका कान पकाता रहा कि क्या मेरे अंदर एक शायर नज़र आ रहा है!

धर्मपत्नी डॉक्टर किरन पांडेय जी को दिल से शुक्रिया जिन्होंने मुझे शायरी करने के लिए प्रोत्साहित किया। बेटियों आकर्षा और आध्या को भी धन्यवाद जिनके हिस्से का समय चुराकर मैं कुछ लिख सका।

आख़िर में मैं अपने पिता श्री जगरोशन पांडेय जी और माँ श्रीमती धर्मावती पांडेय जी को प्रणाम करता हूँ जिनकी बदौलत मेरी ज़िंदगी है और जिनके बिना मैं कुछ भी नहीं हूँ। मैंने क़लम उठाई है तो लिखता ही रहूँगा। इस काव्य-संग्रह के बाद मेरे द्वारा रचित एक उपन्यास भी शीघ्र ही आप लोगों के समक्ष होगा। आप सभी का प्रेम और स्नेह बना रहे।

– शैलेन्द्र कुमार पांडेय

अनुक्रम

ग़ज़लें

नज़्में

ग़ज़लें

01.

न मंज़िल न अज़्मे-सफ़र से हुआ है
करिश्मा किसी की नज़र से हुआ है

शिफ़ा हो तबा हो कि घर में उजाला
किसी की दुआ के असर से हुआ है

करूँगा यक़ीनन अलग मैं जुदा कुछ
मुझे प्यार एक बे-ख़बर से हुआ है

मुझे भी उसी सम्त लेकर चलो तुम
कि ये रास्ता तय जिधर से हुआ है

मोहब्बत ख़ुदा की अलामत अता है
कहाँ प्यार ज़ोर-ओ-जबर से हुआ है

तेरे इश्क़ के बाद भी इश्क़ होगा
दवा तो ज़हर का ज़हर से हुआ है

क्यों दोष दें बेवजह हम किसी को
पशेमाँ बशर तो बशर से हुआ है

अज़्मे-सफ़र = सफ़र का इरादा, पशेमाँ = जब कोई काम करके इंसान पछताता है उससे दिल उखड़ जाता है, बशर = इंसान, शिफ़ा = अच्छा स्वास्थ्य, तबा = प्रतिष्ठा, अलामत = निशानी, अता = प्रदत्त

02.

जहाँ से कुछ नहीं आता वहाँ से बरमला आए
तेरे कार-ए-जहाँ से कुछ-न-कुछ तो इस दफ़ा आए

हसीं मौसम बदलती रुत दिलों को पास लाई थी
नयी शाख़ो-शजर पे फूल पहली मर्तबा आए

मेरी पहली मोहब्बत और शहदो-शीर का लहजा
वो लड़की देखकर मुझको कहा करती बड़ा आए

परी थी वो सनम मेरी यही दिल सोचता रहता
न जाने उस तरफ़ से तोहफ़े में फिर क्या आए

अगरचे कौन था रहबर क्या थी वो डगर मुरशद
सफ़र से कुछ बशर हँसते हुए तो कुछ ख़फ़ा आए

तेरी आवाज़ की उम्मीद में बेज़ार बैठा हूँ
पुकारो यूँ मुझे अब तुम तआ'क़ुब से सदा आए

यही बस सोचकर मैं इस मिट्टी में घर नहीं करता
जमीं पर आसमाँ से कब न जाने ज़लज़ला आए

बरमला = खुलेआम, कारे-जहाँ = कार्यक्षेत्र, शहदोशीर = शहद के जैसा, अगरचे = हालाँकि/बहरहाल, रहबर = पथ-प्रदर्शक, मुरशद = मार्गदर्शक, बशर = इंसान, बेज़ार =खिन्न, तआ'क़ुब = पीछे से

03.

ख़ुदाया रात को दिन और दिन को रात करता है
बिना मौसम बिना बादल हसीं बरसात करता है

यही इतनी सिफ़त तक़सीम है मुझको मोहब्बत में
वो मिलता तो नहीं मुझसे मगर हर बात करता है

पकड़कर हाथ मेरा एक मुक़द्दस हाथ से अपने
मोहब्बत में मेरा महबूब दो-दो हाथ करता है

कभी मिल जाए गर तो बस यही एक बात कहने से
कहाँ थे और वो इस बात पर सौ बात करता है

मोहब्बत में क़दम आगे बढ़ाकर खींच लेना फिर
यही एक हादसा वो हर किसी के साथ करता है

मुझे वो ख़्वाब में भी चूमकर यूँ छोड़ जाता है
कि जैसे ज़र मोहब्बत में मुझे ख़ैरात करता है

तेरे भी साथ होता फिर यक़ीनन गो वही सब कुछ
किसी के साथ करता जो हमारे साथ करता है

सिफ़त = ख़ूबी, तक़सीम = बँटवारा, मुक़द्दस = पवित्र

04.

दुश्मन कभी दुआ तो एक दोस्त हमनवा हो
तू ही बता मेरे दिल कि तुम मेरे क्या हो

लगकर किसी गले से सौ बार सोचता है
इस मुल्क का बशर जैसे दूध का जला हो

नज़रें मिलीं बिलावल तो इस तरह झुका वो
जैसे झुके कली बर्ग-गुल कहीं खिला हो

उससे कभी न कहना रंजो-अलम फ़साना
गर पाँव में न जिसके काँटा कभी गड़ा हो

वो दाग़दार करके दामन मेरा सितारा
दिल मेरा तोड़ने वाले जा तेरा भला हो

यूँ तोहमत लगा मुझ पे तंज़ कस रहे हो
गोया कि नाम तुम्हारा दूध का धुला हो

ये आख़िरी तमन्ना है अब कि जान मेरी
मुझसे लगो गले फिर हँसते हुए जुदा हो

जिस मोड़ से अलग हैं उस मोड़ पे लगा है
जैसे मुझे अभी तक एक हाथ रोकता हो

ये नींद जो मुझे रातों को न आ रही है
मुमकिन बहुत मुझे वो दिन रात सोचता हो

हमनवा = हम ख़याल/समान विचार के, बशर = इंसान, बिलावल = एक रागिनी/प्रेयसी, बर्गे-गुल = गुलाब की पंखुड़ी, रंजो-अलम फ़साना = दुखभरी कहानियाँ

05.

तू सहरा है समंदर है न क़तरा है कोई
तू ख़ुद को देख तेरे बाब दुनिया है कोई

फ़लक पे चाँद आया है सितारों से सज के
कि तुझसे मिलने को बेताब कितना है कोई

बहाकर मुझको कितनी दूर ले आया है फिर
मेरे दिल में कहीं एक तेज़ दरिया है कोई

न तू है मोनिसे-जाँ न नक़्श-ए-पा तेरा
न जाने क्यूँ लगा अहबाब गुज़रा है कोई

किसी के लौट आने से निगाहें लौटी हैं
कि ख़ुद को आईने में देख हँसता है कोई

कहीं ये हो कि सिर टकरा न जाए तुम्हारा
ज़रा धीरे चलो इस सम्त कुहरा है कोई

तहम्मुल से लगाना तुम कलेजे से उसको
जफ़ा के बाद कब दिल में उतरता है कोई

सहरा = जंगल, बाब = दरवाज़ा, फ़लक = आसमान, मोनिसे-जाँ = प्रेयसी, नक़्श-ए-पा = पाँव के निशान, अहबाब = दोस्त, सम्त = दिशा, तहम्मुल = संजीदगी से, जफ़ा = ज़ुल्म/तकलीफ़

06.

कितना अच्छा लगता है जब कोई सपना सच्चा निकलता है
अपने ख़्वाबों का परचम थामे घर से एक बच्चा निकलता है

उस के बरसों की सारी कोशिश आख़िर एक दिन रंग लाती है
ये तय है माज़ी के अच्छे कर्मों का फल अच्छा निकलता है

मुश्किल राहों से डर के तुम मंज़िल से पहले रुक नहीं जाना
काली अँधेरी रातों से ही एक सूरज तपता निकलता है

इनको माली ने बरसों सींचा है अपने ख़ून और पसीने से
इन बाग़ों से फल मीठा मीठा-सा अव्वल दर्जा निकलता है

मैं दिल को, दिल मुझको अक्सर यूँ समझाते हैं ख़ल्वत में
अपने बच्चे पर जिस तरहा एक माँ का ग़ुस्सा निकलता है

जीवन लंबी दूरी तक चलने वाली ऐसी दौड़ है लोगों
अक्सर जो पीछे रहता है आख़िर में वो जीता निकलता है

परचम = झंडा, माज़ी = अतीत, ख़ल्वत = एकांत में

07.

हम किसी कोह जज़्बात से मर गए
इतने मासूम थे बात से मर गए

जा रहे हो जहाँ दिन मुबारक तुम्हें
जा कि हम आज की रात से मर गए

दिल दुखा के हुए हैं कई लोग ख़ुश
और हम थे ख़यालात से मर गए

पूछ बैठे सवालात एक दर्प से
फिर जवाबे-सवालात से मर गए

कुछ न बिगड़ा गुनहगार उस शख़्स का
बस कि कुछ लोग आघात से मर गए

कुछ मरे थे इमाँ बेचकर और कुछ
दिन-ब-दिन मुफ़्त ख़ैरात से मर गए

लोग दिल तोड़ कर ख़ुश फ़हम हैं यहाँ
हम फ़क़त एक मुलाक़ात से मर गए

कोह = पहाड़ के जैसा, दर्प = घमंडी

08.

एक तीर यूँ जिगर जाँ के पार हो रहा है
अब तक नहीं हुआ जो इस बार हो रहा है

यूँ वक़्त मोड़ देता है नक़्श आलमों का
मेरा रक़ीब था जो अब यार हो रहा है

इस गुल ज़मीन ने खोया है नियाज़ अपना
सो इस ज़मीन से ख़म तैयार हो रहा है

पत्थर कभी समझ के ठुकरा दिया जिसे था
मुझको उसी सनम से फिर प्यार हो रहा है

ये कौन आ रहा है किसकी महक घुली है
सेहने-चमन क्यों हरसिंगार हो रहा है

रहमत तेरी कि कम-से-कम साँस चल रही है
कैसे कहूँ कि जीना दुशवार हो रहा है

दे रम्ज़ पसे-चिलमन बेक़रार मुझको
तीरे-निगाह छुप-छुप के वार हो रहा है

नक़्श = तस्वीर/निशान, आलम = दुनिया/दशा/लोग/उदाहरण/ज़माना, रक़ीब = प्रतिद्वंद्वी, गुल ज़मीन= फूलों से लदी हुई ज़मीन, नियाज़ = परिचय/तमन्ना/प्रार्थना, ख़म = वक्रता/खंबा, सनम = प्रिय, सेहने-चमन = लॉन/बाग़, रम्ज़ = इशारा, पसे-चिलमन = परदे के पीछे से, तीरे-निगाह = आँखों से तीर चलाना

09.

मिलकर क्या करोगे मुझसे क्या मिलेगा
जिससे कभी मिले थे तुम वो कहाँ मिलेगा

कुछ लोग दहर में अब मिलते क्यों नहीं हैं
मैं अबकि पूछ बैठूँगा गर ख़ुदा मिलेगा

तुम सोचते क्या हो मेरे लिए मगर दिल
तेरी उम्मीद से ये बिलकुल जुदा मिलेगा

मेरी तलाश में भटकोगे गली-गली तुम
बिखरा हुआ कहीं फिर ये जा-ब-जा मिलेगा

ये रूह और बदन मेरे अब अलग-अलग हैं
मिल भी गया अगर दिल तो बावरा मिलेगा

बदनाम हो न जाए मेरे लिए कहीं तू
एक नाम यूँ हवा पे हमदम लिखा मिलेगा

दहर = दुनिया/युग, जा-ब-जा = जहाँ-जहाँ, बावरा = बेचैन/अधीर

10.

दिल-फ़रेब तेरी तस्वीर देख लेता हूँ
मैं बिना गए ही कश्मीर देख लेता हूँ

इश्क़ भी सियासत है ख़ूब हँसता हूँ पहरों
जब तेरी पुरानी तक़रीर देख लेता हूँ

पास बैठ मेरे नज़दीक आ तुझे पढ़ लूँ
हाथ देखकर मैं तक़दीर देख लेता हूँ

फ़ाख़्ता उड़ाकर मैं नींद को बुलाता हूँ
और ख़्वाब में एक शमशीर देख लेता हूँ

तुम नसीब थे राँझा के चमक सितारा के
अपनी ही कहानी में हीर देख लेता हूँ

आँख बंद करता हूँ मैं किसी निशाने पर
तीरगी तेरे सर तदबीर देख लेता हूँ

बढ़ रहे क़दम मंज़िल की तरफ़ मेरे आतिश
क्या कहूँ कि लब शहदो-शीर देख लेता हूँ

तक़रीर = भाषण, फ़ाख़्ता = शांति का प्रतीक एक पक्षी; शमशीर = तलवार, तीरगी = निराशा, सर = चरम पे, तदबीर = युक्ति/उपाय, आतिश = आग

नज़्में

क़लम से जादूगरी कर रहा हूँ

क़लम से जादूगरी कर रहा हूँ
मैं ग़म को ख़ुशी कर रहा हूँ

मैं जुगनू हूँ कोई सूरज तो नहीं
औक़ात भर रौशनी कर रहा हूँ

अब इससे ज़्यादा ज़र्फ़ क्या करूँ
तेरे दर पे नौकरी कर रहा हूँ

अपने दिल का तू जाने शैख़ जी
मैं सोचकर शायरी कर रहा हूँ

मोहब्बत का क्या है कब हो जाए
सोचा यही है आख़िरी कर रहा हूँ

दुनिया तेरे इल्म का मैं क्या करूँ
मुझे आता है जो वही कर रहा हूँ

ज़र्फ़ = गुंजाइश/सहनशीलता

आँखों में शराब रुख़ पे जमाल अब भी रखती हो

आँखों में शराब रुख़ पे जमाल अब भी रखती हो
पूछना था कि ब्वॉय-कट बाल अब भी रखती हो

मैंने कभी पोछा था जिस रूमाल में अपना चेहरा
क्या बहुत सँभाल के वो रूमाल अब भी रखती हो

फ़ोन नहीं उठाने से गालों पे आबशार की रानाई
मेरे ख़याल में ख़ुद को पामाल अब भी रखती हो

मैंने तोहफ़े में दिए थे जो तुम्हें एक अदद लव-बर्ड
उन चिड़ियों का बहुत ख़याल अब भी रखती हो

आख़िरी मुलाक़ात यूँ दोराहे पे करना दफ़अतन
मुझसे लिपट न पाने का मलाल अब भी रखती हो

कोई अच्छा लड़का देखकर शादी क्यों नहीं करती
तुम नाज़ो-अदा में सोलहवाँ साल अब भी रखती हो

मैं साहिर तो नहीं के तुम अमृता बन के जियो
मिल जाएगा इमरोज़ तुम जमाल अब भी रखती हो

जमाल = सुंदरता, आबशार = झरना, रानाई = सुंदरता, पामाल = परेशाँ, दफ़अतन = अचानक

कोई ये सोचेगा कि ऐसा क्या अलहदा कर रहा हूँ

कोई ये सोचेगा कि ऐसा क्या अलहदा कर रहा हूँ
वो मुझे अज़ीज़ है और मैं उसे हँसकर जुदा कर रहा हूँ

तमन्ना है कि वो बस एक बार पलटकर देखे मुझे
सोगवार हूँ मगर दिल मोहब्बत में मुब्तला कर रहा हूँ

मुझे दुश्मनों की दुआ हासिल है मगर सितम ये है
मैं एक मुद्दत से अपने साथ बहुत बुरा कर रहा हूँ

उसे मेरी शोहरत से कोई शिकायत भला क्यों हो
मैं एक बड़ी लकीर खींचकर ख़ुद को बड़ा कर रहा हूँ

वो मेरे पास आया तो था घुटनों के बल चलकर
ये मेरा मेयार कि उसे उसके पैरों पर खड़ा कर रहा हूँ

जो मुमकिन नहीं है उसी की ख़्वाहिश में हूँ परेशाँ
मुझे ख़ुद भी नहीं पता है कि मैं क्या कर रहा हूँ

एक आलमे-इम्काँ में खोया रहता हूँ हर घड़ी तन्हा
कोई मुझे तलाशे मैं ख़ुद को लापता कर रहा हूँ

अलहदा = अलग, सोगवार = दुखी, आलमे-इमकाँ = संभावनाओं की दुनिया, मुब्तला = आसक्त/दुख

अब कोई चमन कोई फ़िज़ा बेरंग ना हो

अब कोई चमन कोई फ़िज़ा बेरंग ना हो
ये दुआ है ख़ुदा से कि अब जंग ना हो

बहुत से मसाइल हैं उलझे हुए मगर
ये ज़मीं ख़ूने-आदम से बदरंग ना हो

हम बैठकर सुलझा न सकें अपने मसले
इंसान का दिल इतना भी तंग ना हो

ऐसी दुनिया का हम क्या करेंगे लोगों
जिसमें फूल हो ख़ुशबू हो मलंग ना हो

दुनिया के रहनुमाओं क्या जवाब दोगे
अगले क्रिसमस गर बेटा माँ के संग ना हो

ये कैसी ख़्वाहिश है ये कैसा पयाम है
बस एक ही रंग रहे कोई दूजा रंग ना हो

ये जमीं तूने अपनी अना से बाँटी है मौसूम
तेरा वश चले तो दरिया में जल तरंग ना हो

पयाम = संदेश, अना = घमंड, मौसूम = नामधारी/प्रख्यात

उसे नज़रों से छूकर कोई चला गया है

उसे नज़रों से छूकर कोई चला गया है
वो एक ख़्वाब है जो सिर्फ़ देखा गया है

उस फ़िक्रे-फ़र्दा का कुछ पता ही नहीं
रात भर जिसके बारे में सोचा गया है

दाग़े-नदामत किस मोड़ पर लाया है मुझे
कोई धुआँ उठा है और उठता गया है

एक ख़्वाब की तासीर में कलियाँ सजाते
आलमे-इम्काँ में एक शायर रोता गया है

जाने क्या अजब लिखा है इन लकीरों में
मेरा हाथ देखकर एक नजूमी हँसता गया है

न पैकरे-जमाल है न आतिशे-गुल मगर
कोई अच्छा लगा है और लगता गया है

फ़िक्रे-फ़र्दा = भविष्य की चिंता, दाग़े-नदामत = पछतावे का दाग़, तासीर = असर, आलमे-इम्काँ = संभावनाओं की दुनिया, नजूमी = ज्योतिषी, पैकरे-जमाल = सुंदर बदन, आतिशे-गुल = फूल की चमक

तुझे पा के भी कुछ खोया हुआ-सा लगता है

तुझे पा के भी कुछ खोया हुआ-सा लगता है
मंज़िल तो मिल गई लेकिन, रस्ता छूट गया

तुझे फिर से खोने के एहसास से मोतबर
मेरे काँपते हाथों से गुलदस्ता छूट गया

फ़क़त कुछ ज़ख़्म के निशाँ हैं मेरी पीठ पर
मैं दुनिया की क़ैद से कितना सस्ता छूट गया

मैंने शोहरत की बुलंदी से ख़ुद को देखा तो
बहुत पीछे मेरे अंदर का एक बच्चा छूट गया

इंसानी फ़ितरत के मारों का क्या कहिए कि
अच्छा पाने की कोशिश में, अच्छा छूट गया

एक अजीब फ़नकारी है दुनिया की दौड़ भी
झूठे आगे निकल गए और सच्चा छूट गया

मोतबर = आदरणीय

किसी ख़ुशगवार मौसम से ख़िज़ाँ निकल जाए

किसी ख़ुशगवार मौसम से ख़िज़ाँ निकल जाए
तेरी बाँहों में सोते हुए मेरी जाँ निकल जाए

तोड़ दे भरम मोहब्बत का तग़ाफ़ुल से अपने
तेरी महफ़िल से ये बद-गुमाँ निकल जाए

मुझसे नज़रें न फेर मुझे रुसवाई का ग़म न दे
साफ़-साफ़ कह दे कि फलाँ निकल जाए

मैं आवारा फिरता हूँ गलियों में मारा मारा
जिस दर पे जाऊँ वो तेरा आस्ताँ निकल जाए

किसी पर भी हद से ज़्यादा ऐतबार मत करना
ऐन मुमकिन है कि वो शख़्स नातवाँ निकल जाए

दर्द-ए-दिल में भी होता है परवाज़ का इम्काँ
नज़रें बदलकर देखना कोई आसमाँ निकल जाए

दिल की ज़मीं को पाक रखना ख़ुदा के वास्ते
ये न हो कि तेरे हाथ से दोनों जहाँ निकल जाए

ख़िज़ाँ = पतझड़ की ऋतु, तगाफुल = उपेक्षा, बदगुमाँ = ग़लत धारणा रखने वाला, रुसवाई = बेइज़्ज़ती, आस्ताँ = चौखट, नातवाँ = कमज़ोर, परवाज़ = उड़ान, इम्काँ = संभावना

हम आश्ना नहीं थे मगर दोनों में आशनाई तो थी

हम आश्ना नहीं थे मगर दोनों में आशनाई तो थी
वो लड़की कुछ दिनों के लिए मेरी ज़िंदगी में आई तो थी

उसके होंठों की हँसी फ़िज़ाओं में घुलने लगी थी
मेरी ज़िंदगी कुछ दिनों के लिए बेसबब मुस्कुराई तो थी

दिल की भोली थी और फूलों से राब्ता रखती थी
वो अपने साथ एक संदली-सी महक लाई तो थी

मेरा और उसका रिश्ता, जिस्म के दायरों से जुदा था
मैंने छुआ नहीं मगर एक चमक उसके चेहरे पे आई तो थी

अपनी ख़ल्वतों में मुझे सोचकर मुस्कुराने लगी थी
वो चुपके से मेरे नाम की मेहँदी लगाई तो थी

उसके हाथों में मेरे साथ की कोई लकीर नहीं मिली वर्ना
मैं पहना देता उसे कंगन उसके पास हसीन कलाई तो थी

बज़्मे-जानाँ में मत पूछो किसी से जुदाई का सबब
उससे बिछड़ते वक़्त मेरी आँख भी डबडबाई तो थी

आशना = दोस्त, राब्ता = संबंध, ख़ल्वतों = एकांत में/अकेले में, बज़्मे-जानाँ = महफ़िल में/सार्वजनिक रूप से

किसी गुलशन का हसीं कोना हो जाता है

किसी गुलशन का हसीं कोना हो जाता है
जो कभी नहीं होता है होना हो जाता है

वो मेरे पास नहीं आता अब उसे बताएँ क्या
मैं जिसे छू देता हूँ सोना हो जाता है

मेरे पास से मत गुज़रो तुम्हें इश्क़ हो जाएगा
मुझे क़रीब से मत देखो जादू-टोना हो जाता है

पहली नज़र का प्यार भी कोई प्यार होता है
एक पल की ख़ुशी उम्र भर का रोना हो जाता है

महबूब का मेयार भी ख़ुदा से कम नहीं होता
अगर हाँ कहे तो हाँ, ना कहे तो ना हो जाता है

किसी बच्चे के हाथ लगे या कमसिन के हाथ
दिल दिल नहीं रहता एक खिलौना हो जाता है

किसी की नज़र से गिरकर क्या हो जाता है
चोट नहीं लगती मगर क़द बौना हो जाता है

मेयार = दर्जा

आलमे-सोज़े-तमन्ना मुल्तवी कर दे

आलमे-सोज़े-तमन्ना मुल्तवी कर दे
मेरे हाथों को चूम मेरे होंठों को हसीं कर दे

एक मुद्दत हुई किसी अब्र को निहाँ होते-होते
तू मेरे आँगन में बरस प्यार की नमी कर दे

तू एक चारागर है मेरे यार-ए-आशुफ़्ता
मुझे सता मगर अपने जलवों में कमी कर दे

वो लड़की जो बिछड़ गई थी सरे राह कभी
ख़ुदा हमसफ़र ना सही उसे हमनशीं कर दे

मैं हूँ कि दिले-बेज़ार एक उम्र से जानाँ
मुझ पे निगाहें डाल मुझे रौशनी कर दे

आलमे-सोज़े-तमन्ना = इच्छाओं को मारने की अवस्था, मुल्तवी = स्थगित, अब्र = बादल, निहाँ = ओझल, चारागर = देखभाल करने वाला/दयालु, यार-ए-आशुफ़्ता = व्याकुल दोस्त, बेज़ार = खिन्न

कहाँ तो बसर करना था, कहाँ बसर कर रहा है

कहाँ तो बसर करना था, कहाँ बसर कर रहा है
रहना था दिल में जिसे, दिमाग़ में घर कर रहा है

कोई दुश्मन है जो छुप के बैठा है हमारे दरमियाँ
हमारी कोशिशों को वही सिफ़र कर रहा है

नहीं करनी चाहिए ये ज़ेहनी बेवफ़ाई मगर
कोई यार है जो इधर की बात उधर कर रहा है

मेरे किरदार पर उँगली उठाने से क्या मिलेगा
बाज़ आए वो अपनी हरकतों से अगर कर रहा है

तेरी ग़ैरत बिक गई है किसी ओहदे मक़ाम से
तेरा चुप रहना ज़माने को ख़बर कर रहा है

जाने क्या होने वाला है मुस्तक़बिल में इलाही
बाद मुद्दत फिर से मेरा दर्दे-सर कर रहा है

पाँव के छालों से भला वो क्या घबराएगा
एक ज़माने से जो नंगे पाँव सफ़र कर रहा है

मत आया करो चुपके से नींद में कि मैं रो देता हूँ
तुम्हारा ख़्वाब मेरी आँखों पे असर कर रहा है

सिफ़र = असरहीन, मुस्तक़बिल = भविष्य

मेरे पाँव के छाले मेरे सफ़र की गवाही देंगे

मेरे पाँव के छाले मेरे सफ़र की गवाही देंगे
आने वाली नस्लों को ख़ून की रौशनाई देंगे

जब दिल करे मुझे छोड़कर चली जाना 'जानाँ'
मगर क्या करोगी जब हम सन्नाटे में सुनाई देंगे

ज़िंदगी के सफ़र में जब कुहरा बहुत हो जाए
ध्यान से देखना, हम बादलों में दिखाई देंगे

उसका क़त्ल नहीं हुआ उसने ख़ुदकुशी की
ये सर्टिफ़िकेट अब 'क़लम के क़साई' देंगे

जवानी जब धूल फाँकती हो लुटे बाज़ारों में
तब उम्मीद ना कीजै बेटे बाप को कमाई देंगे

जब भी किसी रोते हुए को हँसाना 'शैलेंद्र'
आँख बंद कर लेना तुम्हें भगवान दिखाई देंगे

दूर होकर कितना पास हो गया है कोई

दूर होकर कितना पास हो गया है कोई
पहले जिस्म था अब जाँ हो गया है कोई

बरसता है अब्र-ए-रहमत-ए-यज़्दाँ हर सू
मोहब्बत में जैसे ख़ुदा हो गया है कोई

वक़्त चेहरे के साथ किस तरह पेश आया
पहले क्या था अब क्या हो गया है कोई

अब ख़फ़ा भी नहीं होता कभी मुझसे
इस दर्जा मुझसे ख़फ़ा हो गया है कोई

बहुत दूर है इन आँखों की ज़द से लेकिन
गले मिलता है जैसे हवा हो गया है कोई

कोई तकल्लुम है न कोई तराना फिर भी
सुनाई देता है यूँ दुआ हो गया है कोई

एक उम्र लगी है मुझे यह बात समझने में
मोहब्बत में मुझसे जुदा हो गया है कोई

अब्र-ए-रहमत-ए-यज़्दाँ = ईश्वर की कृपा, हर सू = हर तरफ़ से, तकल्लुम = बातचीत

जैसा नहीं हूँ वैसा नुमाया हुआ हूँ

जैसा नहीं हूँ वैसा नुमाया हुआ हूँ
मैं अपनों के बीच पराया हुआ हूँ
तुम्हें समेटने में एक उम्र लगे शायद
मैं रफ़्ता-रफ़्ता ज़ाया हुआ हूँ
मुझे तो होश नहीं कोई मुझे बताए
मैं किस ठौर पे ठहराया हुआ हूँ
आब गज़ीदा हूँ अब्रे-तर से मैं
धूप नहीं हूँ मगर छाया हुआ हूँ
मैंने तुम्हें कभी अपना माना था
मैं यह सोचकर शरमाया हुआ हूँ
मुझसे थोड़ी नरमी बरतो ऐ हबीबों
मैं तुम्हारी धूप में साया हुआ हूँ
दिल धड़कता है आजकल यूँ मेरा
जैसे मैं कुछ चुराया हुआ हूँ
एक हलचल-सी है दिल दरवाज़े पर
मैं ख़ुद से मिलने आया हुआ हूँ
यूँ तो मोहब्बत से कोई वास्ता नहीं मेरा
बस तुम्हारे नाम पर हकलाया हुआ हूँ
मोहब्बत में बदन ज़रूरी तो नहीं
मैं तुम्हें खोकर भी पाया हुआ हूँ
जाने कब एक ग़ज़ल मुकम्मल हो जाए
तेरी हर अदा पे नज़र गड़ाया हुआ हूँ

तोशा-ए-धूप से जल गया है बदन मेरा
फूल हूँ मगर कुम्हलाया हुआ हूँ
मेरे दिल को मत कुरेदो नाहक़
जाने कितने राज़ दबाया हुआ हूँ
ये क़फ़स टूट जाए दुआ करे कोई
मैं ज़िंदगी का सताया हुआ हूँ
कोई बच्चा कहेगा तो खोल दूँगा
अपनी मुट्ठियों में जो छुपाया हुआ हूँ
वक़्त ने जी भर के आज़माया है मुझे
घड़ी की सुइयों की तर्ह घुमाया हुआ हूँ
ये जंगल महफ़ूज़ रहेगा मेरे लिए
मैं अपनी ज़ात से घबराया हुआ हूँ
उस ज़मीं पर तुम्हें फूल ही फूल मिलेंगे
मैं जहाँ ज़िंदा दफ़नाया हुआ हूँ

नुमाया = दृश्यमान, आब गज़ीदा = पानी से घायल, अब्र-ए-तर = बरसने वाला बादल, हबीब = मित्रों, क़फ़स = पिंजरा, महफ़ूज़ = सुरक्षित

उग आई हैं लकीरें मेरे हाथ पर तेरे नाम की

उग आई हैं लकीरें मेरे हाथ पर तेरे नाम की
मैं जो हाथ जोड़ूँ तो एक चाँद नज़र आता है

आईना बन गया है ऐतराफ़े-मोहब्बत का तू
तुझे देखूँ तो मेरा खदो-ख़ाल नज़र आता है

कू-ब-कू रहता है हवा-ए-मोअत्तर की मानिंद
मेरा यार मुझे शोबदा-साज़ नज़र आता है

आँखों की बीनाई देता है और रंग-ओ-बू भी
तुझे सोचकर सोऊँ तो ख़्वाब नज़र आता है

अजल ने लिखा था लौहो-क़लम से गोया
हाथों की लकीरों में तेरा नाम नज़र आता है

अल्लाह माफ़ करे मगर तुम्हें देखकर मुझको
ख़ुदा सरे-बज़्म सरे-आम नज़र आता है

ऐतराफ़े-मोहब्बत = प्रेम की स्वीकारोक्ति, ख़दो-ख़ाल = चेहरा-मोहरा, कू-ब-कू = हर जगह, हवा-ए-मोअत्तर = ख़ुशबूदार हवा, शोबदा-साज़ = छलिया, बीनाई = आँखों की रौशनी, अज़ल = अनादिकाल, लौहो-क़लम = ईश्वर की क़लम, सरे-बज़्म = महफ़िल में

लौटती हुई लहरों की तरह वो भी लौट जाएगा

लौटती हुई लहरों की तरह वो भी लौट जाएगा
वो बहुत दूर जाएगा तो किनारे तक जाएगा

तीर जो जिगर के पार होगा वो दोस्त का होगा
दुश्मन बहुत जाएगा तो इशारे तक जाएगा

सियासत इस क़दर वाबस्ता है उसके ख़ूँ में कि
वो मतलब तक नहीं भी जाएगा तो मारे तक जाएगा

इसके दिल में कोई आग ही नहीं है सो याँ से
अगर ज़्यादा भी जाएगा तो चौबारे तक जाएगा

दुआ करो कि ये शय तेरे नसीब में लिखी हो वर्ना
तू इश्क़ से जाएगा तो इस्तिख़ारे तक जाएगा

उसकी नीली आँखों में बहाव है इतना
कोई डूब भी जाएगा तो पारे तक जाएगा

मुसलसल चला ही जा रहा है मंज़िल की तरफ़
ये कारवाँ कम भी जाएगा तो सितारे तक जाएगा

इस्तिख़ारे = दैवीय सहायता की हसरत, मुसलसल = लगातार

दूर होकर भी मुझसे मेरे साथ रहता है

दूर होकर भी मुझसे मेरे साथ रहता है
तेरा चेहरा मुझे हमेशा याद रहता है
सुनाई थी जो पहली मुलाक़ात में मुझे तूने
वो लबे-साज़ वो नग़मा याद रहता है
उल्फ़त की बात पर ज़ुल्फ़ें ख़म-ब-ख़म
सिर झुकाकर तेरा हँसना याद रहता है
सितारा-साज़ आँखों पर चाँदनी का डेरा
तेरे माथे पर चाँद का पहरा याद रहता है
यूँ तो बहुत कमज़ोर है मेरी याद जानाँ
तेरे इश्क़ का मगर ककहरा याद रहता है
मेरी आँखों ने जज़्ब कर लिया था तुझको
तेरे हुस्ने-बदन का नक़्शा याद रहता है
तू माने न माने मेरी हिचकियाँ बताती हैं
कि तुझे अब भी एक लड़का याद रहता है
अज़ल से रिश्ता था दिलों के दरमियाँ कोई
वगरना इस दौर में कोई कहाँ याद रहता है
मैं ये सोचकर लिखता हूँ दास्ताने-मोहब्बत
मैं याद ना भी रहूँ तो लिखा याद रहता है

ख़म-ब-ख़म = घुँघराले, अज़ल = अनादि काल से

सबसे छुपकर छुपाकर लाती है

सबसे छुपकर छुपाकर लाती है
हवा तेरी ख़ुशबू चुराकर लाती है
मैं डूब जाता हूँ जब भी तीरगी में
तेरी याद किनारे बहाकर लाती है
तेरे लौटने की ख़बर भी बादे-सबा
किसी रौशनी में नहाकर लाती है
वो ख़्वाब में भी आती है तो मेरे लिए
अपने हाथ से कुछ बनाकर लाती है
ज़ीस्त मुस्काती है चाँदनी की तरह
कोई लड़की जब कमाकर लाती है
आती है कोई नूर किरन मेरे चेहरे पर
ये कौन है जो जादू जगाकर लाती है
ग़लीज़ों के बीच से जैसे कोई औरत
अपने दामन को साफ़ बचाकर लाती है

तीरगी = निराशा में /अँधेरे में, बादे-सबा = सुबह की हवा, ज़ीस्त = ज़िंदगी, ग़लीज़ = अपवित्र

ख़ुशी की बात है कि तू मुझे शाद कर रही है

ख़ुशी की बात है कि तू मुझे शाद कर रही है
मगर मलाल ये कि सालों के बाद कर रही है

जो तुम ना कर सके तुम्हारी याद कर रही है
कोई ख़ला है जो मुझे आबाद कर रही है

वर्ना तो मेरे अश'आर कब याद रहते दुनिया को
तुझ पे लिखी शायरी मुझे ज़िंदाबाद कर रही है

ये जो बहुत पास आने लगी हो आजकल मेरे
गोया मुझे अपनी क़ैद से तू आज़ाद कर रही है

तुमसे लड़ के भी सुकूँ मिलता था अगरचे
ये तेरी चुप्पी है जो मुझे नाशाद कर रही है

हर जुल्म पर चुप रहने की अदा अच्छी है मगर
ये उदासी हमें रफ़्ता-रफ़्ता बर्बाद कर रही है

मेरे दिल में एक तेरे सिवा और कोई नहीं है
तू नाहक़ दिल्ली से दौलताबाद कर रही है

ये जो मैं उदास हो जाता हूँ सरे-बज़्म अक्सर
शायद कोई लड़की है जो मुझे याद कर रही है

शाद = ख़ुश, ख़ला = ख़ालीपन, अशआर = कई शे'र, नाशाद = बीमार, सरे-बज़्म = महफ़िल में

मोहब्बत का ये अंदाज़ सच्चा लगा

मोहब्बत का ये अंदाज़ सच्चा लगा
उसने मुझे बुरा कहा तो अच्छा लगा

उल्फ़तों में भी ग़फ़लत में रहे हरदम
तुमसे इश्क़ जैसे कोई तुक्का लगा

अपनी मस्ती में मगन रहता है दिन-रात
वो शख़्स मुझे शहर कलकत्ता लगा

किसे सुनाऊँ वो नज़्म कि वो चला गया
जिसे लिखने में मुझे कई हफ़्ता लगा

तेरी ख़ुशबू मुझ पे इस तरह तारी हुई है
जैसे चाँदी पर सोने का मुलम्मा लगा

मैंने तो बस एक मशविरा दिया था तुम्हें
कोई कह रहा था तुम्हें बहुत बुरा लगा

वो शय अब मेरे किसी काम की नहीं
जिसे ख़रीदने में मुझे एक अरसा लगा

उल्फ़त = प्यार, ग़फ़लत = बेपरवाही

यूँ जज़्बात पर असर अंदाज़ होता है

यूँ जज़्बात पर असर अंदाज़ होता है
दिल टूट जाए तो परवाज़ होता है
आपको मुस्कुराता देखकर आईने में
हमें अपनी मोहब्बत पे नाज़ होता है
जिस सम्त बंद हो जाते हैं रास्ते सभी
उसी दीवार से नया आग़ाज़ होता है
दुनिया समझती है जिसे नेमत अक्सर
वो काँटो भरा तख़्तो-ताज होता है
वक़्त तय करता है मुक़द्दर सबका
हर एक कल का कोई आज होता है
किसी की चुप को ध्यान से सुनना
दिल टूटने पर एक आवाज़ होता है
इश्क़ सच्चा हो तो बिछड़ जाता है
जैसे इश्क़ में यही रिवाज होता है
इश्क़ में बंदा चाक हो जाता है लेकिन
इश्क़ में डूबकर बंदा नवाज़ होता है
मैं तुझे सोचकर तेज़ चलने लगता हूँ
कोई नग़्मा यूँ लबे-साज़ होता है

समंदर के बरक्स सहरा दे रहा है

समंदर के बरक्स सहरा दे रहा है
हर शख़्स यहाँ मशवरा दे रहा है

मैं तुम्हें दिल में आने देता लेकिन
इस दश्त में कोई पहरा दे रहा है

कल नींद आँखों में कटी है सारी
मुझे कोई ख़्वाब सुनहरा दे रहा है

वो मुझसे प्यार करे या ना करे
यही बहुत है कि आसरा दे रहा है

तुम मुझे चाहते हो एक उम्र से
ये ख़बर भी कोई दूसरा दे रहा है

इतने क़रीब होकर भी इतने दूर हो
यार तू ज़ख़्म गहरा दे रहा है

जाने कैसा दोस्त है जो मिलने पर
सुकूते-शाम ठहरा दे रहा है

बरक्स = प्रतिकूल, सहरा = रेगिस्तान

वो इतरा के बल खाए जा रहे हैं

वो इतरा के बल खाए जा रहे हैं
एक शोख़ ग़ज़ल लिखवाए जा रहे हैं
बरसेगा आज बादल टूटकर कहीं पे
काली-काली ज़ुल्फ़ें बिखराए जा रहे हैं
लालो गोहर है कि कोई माहो-अंजुम
यूँ अपना आँचल लहराए जा रहे हैं
काँपते हाथों से उठता नहीं है शीशा
मगर उनके नाज़ उठाए जा रहे हैं
आज फिर याद आई है उनको मेरी
आज फिर से हम आज़माए जा रहे हैं
कहीं देख ले न मुझको कोई रक़ीब मेरा
उनकी गली में सिर झुकाए जा रहे हैं
यही होता आया है यही हुआ है फिर से
हम पुरानी कहानी दोहराए जा रहे हैं
बरसेगा आज मुझ पे सरे-बाम नूर कोई
उनकी महफ़िल में हम बुलवाए जा रहे हैं
उल्फ़त है उनको मुझसे या विसाल कोई
वगरना किसलिए हमसे शरमाए जा रहे हैं

माहो-अंजुम = चाँद और सितारे, सरे-बाम = अटारी पर, नूर = ज्योति, उल्फ़त = प्यार, विसाल = मिलन

ऐसे चमकूँगा कि सितारा हो जाऊँगा

ऐसे चमकूँगा कि सितारा हो जाऊँगा
मैं एक रोज़ तुम्हारा हो जाऊँगा

मुझे निहारे ही जाती है तुम्हारी नज़र
मैं तेरी आँख का तारा हो जाऊँगा

किसे पता था वक़्त चलेगा ऐसी चाल
मैं बिछड़ के सिर्फ़ तुम्हारा हो जाऊँगा

कोयल बन के कोई गीत गाए तो सही
दिल दरख़्त है जश्ने-बहारा हो जाऊँगा

ज़ुल्मते-शब तुझे मैं ये पैग़ाम देता हूँ
मैं मर भी गया तो एक नारा हो जाऊँगा

मुझे इतना भी न सताओ दुनिया वालों
दर्द हद से बढ़ेगा तो शरारा हो जाऊँगा

तू मुझे छूती रही प्यार से अगर यूँ ही
मैं तेरी तरह दिलकश प्यारा हो जाऊँगा

एक दरिया हूँ और बेहिसाब गहरा भी
मैं तेरे वास्ते मगर किनारा हो जाऊँगा

ये दिल आते-आते आता है किसी पर
तेरे चाहने से क्या तुम्हारा हो जाऊँगा

एक बार ही मिलता हूँ ने'मत की तरह
मैं इश्क़ नहीं जो दोबारा हो जाऊँगा

मेरा दिल कह रहा है मुस्तक़बिल में
तेरी गलियाँ तेरा चौबारा हो जाऊँगा

यूँ तो रुसवा होने से डरता है दिल मेरा
तेरी ख़ातिर मगर ख़ुदारा हो जाऊँगा

इस दुनिया के बाद मुझे तारों में ढूँढ़ना
बाद मरने के मैं एक सय्यारा हो जाऊँगा

ज़ुल्मते-शब = रात का अँधेरा/ प्रतिकूल परिस्थितियाँ, मुस्तक़बिल = भविष्य, रुसवा = बदनाम, सय्यारा = गतिमान तारा

मेरी ज़िंदगी मेरी जाँ हो जाए

मेरी ज़िंदगी मेरी जाँ हो जाए
ऐसे छुए कि रूहे-रवाँ हो जाए

मुमकिन है कोई माँ की तरह पेश आए
मगर नामुमकिन है कोई माँ हो जाए

बस एक माँ है दूजा कोई नहीं है
जिसके होने से दिल शादमाँ हो जाए

उसकी ज़ुबाँ में इतना असर है लोगों
वो अगर हाँ कह दे तो हाँ हो जाए

ये माँ की मोहब्बत है माशूक़ की नहीं
कैसे मुमकिन है चाक गिरेबाँ हो जाए

जब तक ज़िंदा है मुमकिन ही नहीं
माँ के होते हुए बच्चा परेशाँ हो जाए

उसकी दुआ से ख़ुदा भी मुतमइन है
माँ हाथ उठाए तो ग़म निहाँ हो जाए

रूहे-रवाँ = प्राण वायु, शादमाँ = उल्लासित, माशूक़ = प्रेमिका, चाक गिरेबाँ = परेशाँ, मुतमइन = भरोसा, निहाँ = ओझल

श्री हनुमान के लिए

सनातन धर्म की पहचान लिखेंगे
हम ज़र्रे-ज़र्रे पर हनुमान लिखेंगे
अपनी ताक़त से अनजान लिखेंगे
वक़्त से भी ज़्यादा बलवान लिखेंगे
हवा से भी तेज़ हो जाए जब उड़ान
सुब्हो-शाम का दिनमान लिखेंगे
जिसके इशारे पर चलते हैं भगवान
वही दोस्त वही लुक़मान लिखेंगे
मौत के मुँह से लौट आए जो ज़िंदा
इतना चतुर इतना बुद्धिमान लिखेंगे
किसी पहाड़ को उठा ले खिलौने जैसा
हिम्मते-मर्दां एक पहलवान लिखेंगे
दोस्ती निभाए किसी फ़रिश्ते की तरह
बल बुद्धि विद्या दयावान लिखेंगे
कितना ऊँचा है मक़ाम उनका बहिश्त में
जिनकी आरती ख़ुद भगवान लिखेंगे
आसमान से भी ऊँचा आसमान लिखेंगे
हम अतुलित बलशाली हनुमान लिखेंगे

मर्यादा पुरुषोत्तम श्रीराम के लिए

सब मिलकर हिंदू मुसलमान लिखेंगे
सरे-बज़्म सरे-आम लिखेंगे
लौहो-क़लम से सुब्हो-शाम लिखेंगे
हम ज़र्रे-ज़र्रे पर श्रीराम लिखेंगे
जब लौटकर आएँगे इमामे-हिंद
हम दिल से एहतेराम लिखेंगे
जब लिखी जाएगी दहर में मोहब्बत
हर पन्ने पर सीता-राम लिखेंगे
ज़िक्र चलेगा ज़माने में उसूलों का जब
हम मर्यादा पुरुषोत्तम श्रीराम लिखेंगे
किसी हर्फ़े-दुआ में क़ुबूल हो जाए
अमनों अमाँ मोहब्बत का पैग़ाम लिखेंगे
ख़त्म हो जाता है हर ज़ालिम का गुरूर
अपनी तारीख़ में ये पयाम लिखेंगे
ज़ुल्मो-सितम का काम-तमाम लिखेंगे
हम जय श्रीराम जय श्रीराम लिखेंगे
न कोई नारा न कोई नाम लिखेंगे
हम अहले-चमन में बस राम लिखेंगे

बड़ी बात है कि बड़े मेहरबान हो

बड़ी बात है कि बड़े मेहरबान हो
तुम मेरी ख़ातिर यूँ निगेहबान हो
तुम्हारी छाया मेरे साथ चला करती है
धूप हो बारिश हो या बियाबान हो
इस तरह तुम मुझपे हक़ जताती हो
गोया मेरे ऊपर तुम्हारा कोई एहसान हो
मेरे दिल में दस्तक देता है ऐसे कोई
जैसे रास्ता भटका हुआ मेहमान हो
मैं कैसे भूल सकता हूँ तुम्हें जाने-जाँ
तुम मेरी पहली नज़्म का उनवान हो
मुझसे कोई शिकायत क्यों नहीं करती
हमेशा चुप रहती हो जैसे बेज़ुबान हो
दूर से देखो तो एक-सा नज़र आता है
नीली ज़मीं हो या नीला आसमान हो
सबने लूटा है मुझे इस तरह जैसे
मेरा दिल, दिल नहीं, हिंदुस्तान हो
सालों बाद भी भुलाए नहीं भूलती
लड़की हो या चोट की निशान हो
इन लबों से तेरा ज़ायक़ा नहीं जाता
तेरी याद जैसे कोई मीठा पान हो
मैं ऐसे खिंचा जा रहा हूँ तुम्हारी तरफ़
जैसे तुम्हारा जिस्म पहाड़ी ढलान हो

एक ख़्वाहिश में जोड़ रहा हूँ मैं पैसे
तुम्हारे शहर में मेरा एक मकान हो
मैं आज तुम्हारी गली से गुज़रूँगा
तमन्ना है तुम मुझे देखकर हैरान हो
जब दिख जाऊँ तो नज़र से बचना
जब ना दिखूँ तो ज़्यादा परेशान हो
हर क़दम एक नज़र से वाबस्ता हूँ मैं
ज़िंदगी जैसे एक कठिन इम्तिहान हो
ऐसे रहता हूँ मैं अपनी क़ैद में तन्हा
जैसे बत्तीस दाँतों के बीच ज़ुबान हो
मैं तेरी याद के सहारे गुज़र जाऊँगा
चाहे रास्ता कितना भी सुनसान हो
तुम्हारी साहिर आँखें तो ऐसी हैं मानो
जैसे तीर से खिंचा हुआ कमान हो
ये बाज़ी तुम ही जीत जाओ अच्छा
मैं नहीं चाहता तुम्हारा नुक़सान हो

धूप आए रंग आए चाँदनी आए

धूप आए रंग आए चाँदनी आए
मेरे आँगन में कोई नाज़नीं आए
यूँ तो कितनों ने दस्तक दी मगर
दिल में पहली दफ़ा तुम्हीं आए
मैंने पुकारा था तहम्मुल से तुम्हें
देखो हम जहाँ थे तुम वहीं आए
हमें तो मतलब बस ख़ुशी से
क्या फ़र्क़ पड़ता है कहीं आए
वक़्त बेवक़्त तुम्हारी याद आए
और हमारी आँखों में नमीं आए
तूने कभी कोई शब जागी नहीं
कैसे मुमकिन है दिलबरी आए
अपनी तो बस इतनी ही तमन्ना
हरेक चेहरे पर कोई ख़ुशी आए
दिल झूम रहा है मेरा ऐसे गोया
तेरे लौटने की ख़ुशख़बरी आए
कितने ही चाहते होंगे तुम्हें मगर
तेरी आवाज़ सुनकर हमीं आए
दुआ करो कि कोई तूफ़ाँ न उठे
इस बाग़ से फल मौसमी आए
मुझे बेशक छोड़कर चली जाना
गर मेरे प्यार में कोई कमी आए

दर्द को ख़ुद हवा देना पड़ता है
इतना आसाँ नहीं शायरी आए

तुमने जी भरके सोचा है उसको
शायद कोई ख़्वाब मरमरी आए

उसके लौटने पर दिल हरा होगा
उससे कहना थोड़ा जल्दी आए

मौत तो आनी है मगर नहीं पता
जाने कब और किस घड़ी आए

सरे-बज़्म कोई वादा न करना
जिसे सुनकर सबको हँसी आए

इस दयार में दम घुटता है मेरा
अब तो कोई हवा संदली आए

चलते-चलते थकने लगे हैं पाँव
ख़ुदारा अब तुम्हारी गली आए

ये जंगल पार कर जाऊँगा मगर
दरख़्तों के बीच से रौशनी आए

तहम्मुल = संजीदगी से

रफ़्ता-रफ़्ता मेरी आँखों में नशा चढ़ रहा था

रफ़्ता-रफ़्ता मेरी आँखों में नशा चढ़ रहा था
मैं लड़खड़ा के गिर गया जब सीढ़ी चढ़ रहा था

भरी दोपहर में उससे मिलने मैं अपनी छत पे गया
उससे मिल के मेरा चेहरा सूरजमुखी लग रहा था

उस रात हवा में सरगम दरिया में रवानी थी
जब उसका लिखा हुआ ख़त मैं अकेले में पढ़ रहा था

एक बेल जो मुझसे बेसाख़्ता लिपटने को बेताब थी
बहुत दिनों तक उससे आँख मिलाते हुए मैं डर रहा था

बातों-बातों में मेरी साँसों से टकराने लगी थी वो
पूर्णिमा की रात थी और चाँद बढ़ रहा था

सोलह की उम्र और उसपे पैकर कमाल का
एक उफनती हुई नदी से मैं पानी भर रहा था

पैकर = शरीर

कोई कारवाँ उस सम्त चले

कोई कारवाँ उस सम्त चले जहाँ अम्नो-अमाँ की बात चले
किसी गुल किसी तितली को रंज ना हो, सारे जहाँ की बात चले
है ये सरगोशी फ़िज़ाओं में कि अब ना बने, दिल की दुनिया मक़तल
काली रातों के मनाज़िर न दुहराए जाएँ, बादे-सबा की बात चले
कह रही है हवा-ए-मोअत्तर कि अब न उजड़े कू-ए-यार कोई
दाएम आबाद रहे दुनिया, नये रगो-रेशा की बात चले
ख़ाक न हो जाए आतिशे-वहशत में, कहीं नशेमन कोई
क़ायम रहे एतमाद प्यार का, तजदीदे-वफ़ा की बात चले
कोई नयी रागिनी आवाज़ बने, कोई नया नग़मा लबे-साज़ बने
जिसमें सभी को हक़्क़ो-हुक़ूक मिले, उस फ़िक्रे-जहाँ की बात चले
तारीकियों से निजात मिले, हर दिल को नयी सबात मिले
बिखर जाए हर सम्त उजाला, रौशनी-ए-तबा की बात चले
बेज़ार है इंसा, बड़ी पुरनम है दुनिया और मुसव्विर भी पशेमाँ
लौहो-क़लम से लिखी जाए मोहब्बत, दीनो-इमाँ की बात चले

सम्त = दिशा, अम्नो-अमाँ = शांति और सुरक्षा, सरगोशी = कानाफूसी/चुपके-चुपके बात, फ़िज़ा = हवा/प्रकृति, मक़तल = क़साईख़ाना, मनाज़िर = तमाशे, बादे-सबा = सुबह की हवा, हवा-ए-मोअत्तर = ख़ुशबूदार हवा, कू-ए-यार = प्रियतमा की गली, दाएम = शाश्वत, रगो-रेशा = ताना-बाना, आतिशे-वहशत = जंगली आग, नशेमन = आशियाना, एतमाद = विश्वास, तजदीदे-वफ़ा = विश्वास की पुनर्बहाली, तारीकियों = अँधेरे, सबात = दृढ़ता, रौशनी-ए-तबा = प्रज्ञता, बेज़ार = अप्रसन्न, मुसव्विर = चित्रकार, पशेमाँ = शर्मिंदा, लौहो-क़लम = ईश्वर की क़लम

जाने कितनी आँखों के ख़्वाब मर जाते हैं

जाने कितनी आँखों के ख़्वाब मर जाते हैं
जंग में बेटे के साथ माँ बाप मर जाते हैं

दरख़्तों के टूटने से घोंसला बिखर जाता है
मासूम बच्चे अपने आप मर जाते हैं

आग लगती है जब किसी बस्ती में यूँ ही
सारे बेज़ुबान चुपचाप मर जाते हैं

लोग ही नहीं मरते आतिशे-वहशत में फ़क़त
कितने एतमाद एक साथ मर जाते हैं

मर जाती है मौत जब कोई कहता है
चलो हम तुम साथ-साथ मर जाते हैं

इतना तो हक़ बनता है मेरा

इतना तो हक़ बनता है मेरा कि तू मेरे हक़ में दुआ करे
पहरों बात करे न करे मगर कभी-कभी फ़ोन किया करे

मेरी ज़िंदगी के लिए तेरा रू-ए-गुमाँ ही काफ़ी है जानाँ
ये मैंने कब कहा कि तू मेरे दर्द-ए-दिल की दवा करे

बस इतनी-सी तसल्ली में मैंने एक सफ़र तय किया है
जब भीग जाऊँ धूप में, तू अपने आँचल से हवा करे

अब किस तवक़्क़ो में कोई उम्र गुज़ारे कि वो दौर गया
जब ये लाज़िम था कि कोई वफ़ा के बदले में वफ़ा करे

मोहब्बत की ज़िंदगी का बस इतना ही मरासिम है शैलेंद्र
ज़रा मैं भी दिल बड़ा करूँ ज़रा तू भी दिल बड़ा करे

रू-ए-गुमाँ = किसी विश्वास के भ्रम में रहना, तवक़्क़ो = आशा, मरासिम = दस्तूर/प्रेम व्यवहार

कुछ इसलिए भी आजकल हम कम बोलते हैं

कुछ इसलिए भी आजकल हम कम बोलते हैं
कि हर्फ़े-तमन्ना खाकर तेरी क़सम बोलते हैं

किसी लफ़्ज़ किसी वादे पे यक़ीं कैसे करूँ मैं
आज कल लोगों के मुँह नहीं, क़दम बोलते हैं

कभी यूँ ही मेरे चेहरे पर हाथ फेर दिया कर
ज़ख़्म कितना गहरा है, मरहम बोलते हैं

कोई सुन लेगा तो तौहीने-मोहब्बत होगी
अजी धीरे-धीरे कानों में सनम बोलते हैं

जो इस जनम में कारे-वफ़ा ना कर सके
हमसे मिलेंगे फिर अगले जनम बोलते हैं

ख़फ़ा हूँ ख़ुद से कि इज़हार-ए-वफ़ा

ख़फ़ा हूँ ख़ुद से कि इज़हारे-वफ़ा नहीं किया
दूजा मलाल ये कि उसे हँस के जुदा नहीं किया

फूल था मगर अपनी ख़ुशबू के बोझ से दबा हुआ
साथ उस कली के मैंने, सुलूक अच्छा नहीं किया

सिर्फ़ एक इस ग़म में उम्र भर मुब्तला रहूँगा मैं
कि नाहक़ मैंने अपनी माँ का कहा नहीं किया

जिस्म तक गला दिया उसने मेरे एक इशारे पर
एक मेरी ख़ुशी की ख़ातिर उसने क्या नहीं किया

बस उसकी एक अदा ने मुझे शायर बना दिया
कि बिछड़ने वाले ने मुझसे कोई गिला नहीं किया

दुख इसका नहीं कि मैंने ख़ुद को किया सोगवार
दुख ये है कि ये सानेहा पहली मर्तबा नहीं किया

वक़्त के गुनाह को मैंने अपने दिल पे ले लिया
और फिर वक़्त ने सितम क्या-क्या नहीं किया

मुब्तला = कष्ट, सोगवार = दुख, सानेहा = हादसा

उस मोड़ से बिछड़ के हम कहाँ गए

उस मोड़ से बिछड़ के हम कहाँ गए
एक दूजे को पुकारा किए जहाँ गए

महाज़े-इश्क़ में एक मोड़ आया था
बाद उसके नहीं पता हम कहाँ गए

यहीं एक लड़की ने बद्दुआएँ दी थीं हमें
फिर किसी के ना हुए हम जहाँ गए

वक़्त ने उनके निशान तक मिटा दिए
जाते-जाते दुनिया से नातवाँ गए

फूँक मार के दर्द की दवा करते थे
जाने कौन लोग थे और कहाँ गए

बहुत तलाशा मैंने गुलशन-गुलशन
वो कली कहाँ गई वो फूल कहाँ गए

अब तो बरसों से उनकी ख़बर ही नहीं
हम पे मरते थे जो पहले कहाँ गए

महाज़े-इश्क़ = प्यार की लड़ाई, नातवाँ = कमज़ोर

जिस क़लम से तुझ पे मैं ग़ज़ल लिखता हूँ

जिस क़लम से तुझ पे मैं ग़ज़ल लिखता हूँ
वो मुझसे जुदाइयों का सबब पूछती है

तू ही बता जवाब क्या दूँ इसे जाने-जाँ
रो-रो के मेरी तन्हाइयों का सबब पूछती है

हो के जाँ-ब-लब लिखते हुए वफ़ा के माने
क़लम ज़ाया हुई स्याहियों का सबब पूछती है

फिर से तप रही है मेरी पेशानी तेरी याद में
चश्मे-तर गीली पट्टियों का सबब पूछती है

ज़िंदगी की तगो-दौ में एक लड़की मुझसे
रोते हुए मेरी वीरानियों का सबब पूछती है

तजदीदे-वफ़ा की तवक़्क़ो में हाथ उठाए
रौशनी-ए-तबा तारीकियों का सबब पूछती है

जाँ-ब-लब = मरने के निकट, पेशानी = ललाट, चश्मे-तर = नम आँख, तगो-दौ = संघर्ष, तजदीदे-वफ़ा = प्यार, तवक़्क़ो = अभिलाषा, रौशनी-ए-तबा = प्रज्ञता, तारीकी = अँधेरा, सबब = कारण

नये स्कूल में ये क़िस्सा चल रहा था

नये स्कूल में ये क़िस्सा चल रहा था
मेरे और उसके बीच में क्या चल रहा था

हम दोनों ही भोले थे नादाँ थे इतने कि
हमें छोड़के बाक़ी सबको पता चल रहा था

मेरे दिल को सुकूँ मिलता उसे हँसता देखकर
उसके साथ हर मौसम अच्छा चल रहा था

मेरे रस्ते में गुलमोहर के फूल खिल जाते थे
मैं उसके साथ जहाँ-जहाँ चल रहा था

मोहब्बत की सल्तनत उसने मेरे नाम कर दी
उसके दिल पर मेरा सिक्का चल रहा था

कभी मिले उसकी सहेली तो पूछूँगा उससे
उस लड़की के दिल में और क्या चल रहा था

मैं हर तूफ़ाँ से बचके ज़िंदा कैसे निकल आया
मेरे साथ मेरी माँ का साया चल रहा था

वो जिसके हाथों से मेरा हाथ लग रहा था

वो जिसके हाथों से मेरा हाथ लग रहा था
उसके साथ चलते हुए मैं देवता लग रहा था

वो मेरे साथ चली तो हवा भी चलने लगी
मेरे चेहरे से उसका, दुपट्टा लग रहा था

न जाने क्यों नाम बदलने से रंज करते हैं लोग
उसका दिया हुआ नाम मुझे अच्छा लग रहा था

मेरा कोई इख़्तियार तो नहीं था उसपे मगर
कोई उसकी तरफ़ देखे तो बुरा लग रहा था

सबकी नज़रों से छुप के मोहब्बत का इज़हार
वो छत से हाथ हिलाते हुए ख़ुदा लग रहा था

मैं आँख मिलाऊँगा और मर जाऊँगा

मैं आँख मिलाऊँगा और मर जाऊँगा
अबके मिलना तुझे देखता रह जाऊँगा

कोई धूप रहती है मुझमें किसे पता था
मैं दरिया हूँ मगर प्यासा रह जाऊँगा

ये बादा-ए-इशरत किसी और के हिस्से हैं
मैं हाथ मलूँगा और मलता रह जाऊँगा

मुज़्तरिब हूँ मगर तेरे ऐतबार की ख़ातिर
तुझे मुकम्मल करके आधा रह जाऊँगा

मैं एक ना कहे जा सकने वाला फसाना हूँ
मगर तुम्हारे लिए एक मसअला रह जाऊँगा

बादा-ए-इशरत = प्रणय की मदिरा, मुज़्तरिब = अस्त-व्यस्त

एक तेरी हाँ ने मुझे क्या दे दिया

एक तेरी हाँ ने मुझे क्या दे दिया
मैं बुझ रहा था मुझे हवा दे दिया

दीवाना मर जाता गर देर हो जाती
तूने बीमारे-इश्क़ को दवा दे दिया

जब आँख खुली तो होंठ थरथरा रहे थे
उस लड़की ने ख़्वाबों में क्या दे दिया

तेरे तोहफ़े से महक उठी ज़िंदगी मेरी
तूने किताबों में छुपाकर क्या दे दिया

उसके बोसे से रौशन हुई तक़दीर मेरी
सब पूछते हैं माँ ने तुम्हें क्या दे दिया

उससे मिल के दूर हो गया

उससे मिल के दूर हो गया
ये नशा भी काफ़ूर हो गया

चाँद एक शीशा था शायद
मैंने छुआ तो चूर हो गया

फ़क़त एक दर्द था इश्क़ का
जो बढ़ के नासूर हो गया

उसकी वफ़ा उसका ख़ुलूस
मैंने चाहा तो फ़ितूर हो गया

उसकी बेरुख़ी उसकी जफ़ा
एक सितारा बेनूर हो गया

ख़ुलूस = स्नेह

जिसको जो मिलना चाहिए उसको नहीं मिला

जिसको जो मिलना चाहिए उसको नहीं मिला
अगरचे ज़िंदगी से ये धोखा किसको नहीं मिला

उसकी तलाश में मैं कहकशाँ से लौट आया
ख़ुदा मिला मगर वो शख़्स मुझको नहीं मिला

तुमने वक़्त के पार मिलना चाहा था उससे
वो तेरा था ही नहीं जो तुझको नहीं मिला

उसने मन्नतें माँगी थी मंदिर, कलीसा, क़ाबा में
मगर फिर भी साथ मेरा उसको नहीं मिला

सबसे मिला बाँहें भर-भर के मुस्कुराते हुए
मगर दिल उससे नहीं मिला तो नहीं मिला

क़िस्मतों के खेल में दिल को रुसवाई का ग़म
अजी मुझे नहीं मिला कि आपको नहीं मिला

बँट रहा हूँ क़तरा-क़तरा रेशा-रेशा 'शैलेंद्र'
वो अपना हाथ उठाए, मैं जिसको नहीं मिला

कहकशाँ = आकाशगंगा

तुझे हर शय हर बशर में तलाश करता हूँ

तुझे हर शय हर बशर में तलाश करता हूँ
मैं आदतन हर आम को ख़ास करता हूँ

तू ना मिले तो दिल उदास हो जाता है
तू मिल जाए तो दिल को उदास करता हूँ

जाम फेंक दे शीशा तोड़ दे साक़ी
मैं तेरे नाम अपनी प्यास करता हूँ

तू कहीं भूल न जाए मुझे इसी डर से
मैं एक यास को इंतिहा-ए-यास करता हूँ

ग़मों ने चाटकर मुझे संगमरमर बना दिया है
मैं अपनी हस्ती पत्थरों में तलाश करता हूँ

यास = निराशा, इंतिहा-ए-यास = चरम निराशा

पानी ज़्यादा हो जाए तो सर से निकलता है

पानी ज़्यादा हो जाए तो सर से निकलता है
बहुत मजबूर होके कोई अपने घर से निकलता है

कोई कहानी थे तुम, ग़ज़ल तो नहीं थे जानेमन
तुझपे लिखा हुआ शे'र अपने बहर से निकलता है

कोई तनक़ीद ना कर, कोई तग़ाफ़ुल ना कर
हमें माफ़ कर, दीवाना तेरे शहर से निकलता है

तेरे जाने के बाद भी, तुझे दिल से जुदा नहीं किया
तेरा प्यार रह-रह के मेरे दीदा-ए-तर से निकलता है

तुझे यक़ीं नहीं आ रहा तो ये एहसान कर मुझ पे
आ चीर दे कलेजा देख कौन मेरे जिगर से निकलता है

तुझे पैगम्बर बना रखा है ज़माने ने सियासत का
अब देखना है क्या मोजिज़ा तेरे असर से निकलता है

तनक़ीद = आलोचना, तग़ाफ़ुल = उपेक्षा, दीदा-ए-तर = आँख का आँसू, मोजिज़ा = अलौकिक चमत्कार

उतना अच्छा ना भी हो तो अच्छा कहता है

उतना अच्छा ना भी हो तो अच्छा कहता है
अच्छा लगता है जब तू मुझे अच्छा कहता है

अच्छा तो तब मानें जब कोई ग़ैर अच्छा कहे
अपनी औलाद को तो हर कोई अच्छा कहता है

माँ बाप का सीना फ़ख़्र से चौड़ा हो जाता है
जब उनकी परवरिश को कोई अच्छा कहता है

तंज करने का उसका अंदाज़ औरों से मुख़्तलिफ़ है
वो अच्छे अच्छों को मुस्कुरा के 'अच्छा' कहता है

कोई रुत हो कि इंसान हो मुकम्मल हो नहीं सकता
उससे दूर रहना जो हर बात पे अच्छा कहता है

वो लोगों के बीच इतना मक़बूल है कि मत पूछो
सच बोलता नहीं मगर कहानी अच्छा कहता है

ये नयी दुनिया की रीत है ज़रा ज़ोर से चिल्लाओ
उसी को सुना जाएगा जो परेशानी अच्छा कहता है

कोई शफ़्फ़ाफ़ चेहरा लाजवाब देखते हैं

कोई शफ़्फ़ाफ़ चेहरा लाजवाब देखते हैं
हम खुली आँखों से तेरे ख़्वाब देखते हैं

फिर कभी ना ये कहना कि क्या देखते हैं
हम चेहरा नहीं, चेहरे का ताब देखते हैं

तेरी मौजूदगी तेरे जाने के बाद भी नुमाया है
किसी धुँध में खिलता हुआ गुलाब देखते हैं

ये कहकशाँ ये तरन्नुम और हवा की शोख़ी
चाँदनी रात में उतरता हुआ माहताब देखते हैं

एक दिन में कितनी दफ़ा याद आओगे
बुझी हुई राख में भड़कती हुई आग देखते हैं

तुमने लाजवाब कर रखी है दुनिया सारी
ख़ुद को देते हो क्या कल जवाब देखते हैं

शफ़्फ़ाफ़ = चमकदार

आ लौट आ तुझे मैं चूम लूँ

नहीं लगता दिल मेरा कहीं भी
ग़मे-उल्फ़त और ये आवारगी
ना कोई जुस्तजू ना कोई आरज़ू
बस तेरी कमी है हर सू
किसी उफ़क़ पे नज़र करूँ
किसी शफ़क़ को वार दूँ
किसी कहक़शाँ में घूम के
किसी फ़ज़ा में झूम लूँ
आ लौट आ
तुझे मैं चूम लूँ

तुम तो एक धनक हो
बादलों की खनक हो
आकाश की हो पैरहन
कहानियों की हो कहन
तेरी पेशानी पे माहताब है
तेरी रौशनी से आफ़ताब है
तेरी रानाई में डूब के
किसी फ़ज़ा में झूम लूँ
आ लौट आ
तुझे मैं चूम लूँ

तेरी आँखें जैसे साहिर हों
पेंचो-ख़म सुलझाने में माहिर हों
तेरे बाल जैसे बारिश के रेशे
उनकी बरसात में भीग लूँ
तेरी साँसों की ख़ुशबू से
कोई महक उधार लूँ
अपनी ज़िंदगी सँवार के
किसी फ़ज़ा में झूम लूँ
आ लौट आ
तुझे मैं चूम लूँ

मौजे-कौसर की रवानी थम गई है
चलती हुई एक प्रेम कहानी थम गई है
एक तेरे ना होने से
मेरी तो ज़िंदगानी थम गई है
तुम तो एक कमाल हो
रंगो-ख़ुशबू जमाल हो
जिसे चाहते हैं सभी
तुम वो अच्छा हाल हो
तुमसे कोई अमाल ले
किसी फ़ज़ा में झूम लूँ
आ लौट आ
तुझे मैं चूम लूँ

देखो ना बहिश्त उदास है
कोयल महवे-यास है
अगर तू नहीं है तो फिर

नहीं कोई शब उजास है
रंग और ख़ुशबू तुमसे है
जीस्त की जुस्तजू तुमसे है
तुमसे कोई बहार ले
किसी फ़ज़ा में झूम लूँ
आ लौट आ
तुझे मैं चूम लूँ

बहुत रोएँगे हम ज़ार-ज़ार
तुम्हें याद करके बार-बार
इस दस्ते-दिल में हमेशा
कैक्टस उगेंगे ख़ार-ख़ार
तू चाहेगी तो दिल हरा होगा
प्यार की ख़ुशबू से भरा होगा
तुम्हारे प्यार की फुहार ले
किसी फ़ज़ा में झूम लूँ
आ लौट आ
तुझे मैं चूम लूँ

महकती हुई रातरानी होगी
ऐसी हमारी कहानी होगी
एक शम्मे-फ़रोज़ाँ जैसी
बड़ी ख़ूबसूरत ज़िंदगानी होगी
घूमा करेंगे हाथों में हाथ डाल
मिलेंगे जब हमारे क़दम के ताल
तेरी हाँ से एक हयात ले

किसी फ़ज़ा में झूम लूँ
आ लौट आ
तुझे मैं चूम लूँ

अब ना देखूँगा अक्स कोई
अब ना समझूँगा बरक्स कोई
अब ना करूँगा कुफ्र कोई
तुझे पा के तुझे छुपा लूँ
आ कि तुझे अपना बना लूँ
तेरे रुख़सार के नूर से
कोई अनूठा ताब ले
किसी फ़ज़ा में झूम लूँ
आ लौट आ
तुझे मैं चूम लूँ

गमे-उल्फ़त = प्रेम की पीड़ा, उफ़क़ = क्षितिज, शफ़क़ = डूबते सूरज की लाली/ क्षितिज की लाली, कहकशाँ = आकाशगंगा, फ़ज़ा = वातावरण, धनक = इंद्रधनुष, माहताब = चाँद, आफ़ताब = सूरज, रानाई = सुंदरता, साहिर = जादूगरी, पेचो-ख़म = कठिनाई, मौजे-कौसर = स्वर्ग की नदी, बहिश्त = स्वर्ग, महवे-यास = दुखी, शब = रात, उजास = रौशनी, शम्मे-फ़रोज़ाँ = चमकती हुई रौशनी, हयात = ज़िंदगी

बुत बना के मुझे मेरी परस्तिश करते क्यों हो

बुत बना के मुझे मेरी परस्तिश करते क्यों हो
मोहब्बत नहीं करते तो नुमाइश करते क्यों हो

मुझे अपना बनाते तो कोई और बात होती
मुझे ठुकरा के मुझी पे ग़ज़ल लिखते क्यों हो

जब जा चुके हो मेरी दुनिया मेरे ख़याल से
पीछे मुड़-मुड़कर मुझे देर तक तकते क्यों हो

चुराकर निगाहें मेरे रौशन चेहरे से अहबाब
अपनी नज़्मों में मेरा तसव्वुर करते क्यों हो

किसी शब खिलते तो तुझे अपने जूड़े में लगाती
बनके अमलतास भरी दोपहर में खिलते क्यों हो

आ कि तुझे अपने आँचल से जीने की दुआ दे दूँ
मैं एक साया हूँ तुम धूप में जलते क्यों हो

बुत = मूर्ति, परस्तिश = पूजा, अहबाब = दोस्त, तसव्वुर = कल्पना, शब = रात

रह-रह के दरकता है, तेरा प्यार मुझमें

रह-रह के दरकता है तेरा प्यार मुझमें
गोया कोई नदी हो मेरा यार मुझमें

रह-रह के उठता है कोई मुश्ते-ग़ुबार मुझमें
गिर-गिर के सँभलता है कोई शहसवार मुझमें

रह-रह के करता है पीछे से कोई वार मुझमें
शिकस्ता रहता है मेरा दिले-बेज़ार मुझमें

कोई वाक़या है जो हरदम रूनुमा रहता है मुझमें
कोई ग़ज़ल रहती है हरदम तैयार मुझमें

कैसे आएगी नींद मुझे कैसे आएगा क़रार मुझे
कोई याद रहती है हरदम बेक़रार मुझमें

ये किसके पाँव के निशान हैं मेरे दिल पे
ये कौन करता है इश्क़ का कारोबार मुझमें

ये कौन दुआ देता है किसकी शिफ़ा है मुझमें
कोई मर-मर के जी उठता है हर बार मुझमें

शिफ़ा = आरोग्य

मुख़्तलिफ़ हूँ मगर मुनाफ़िक़ नहीं हूँ मैं

मुख़्तलिफ़ हूँ मगर मुनाफ़िक़ नहीं हूँ मैं
क्या हुआ जो तेरे मनमाफ़िक नहीं हूँ मैं

अहदे-वफ़ा का वादा किया है तो निभाऊँगा उम्र भर
बीच रास्ते में छोड़ दूँ ऐसा आशिक़ नहीं हूँ मैं

मुझे अपने बुज़ुर्गों की दुआओं पे भरोसा है इतना
मैं जीत जाऊँगा तुमसे, मगर मुक़ाबिल नहीं हूँ मैं

एक ग़ैरत है जो मुझे रोक देती है हमेशा वगरना
क्या से क्या करने के क़ाबिल नहीं हूँ मैं

ख़ाक हूँ और ख़ाक में मिल जाऊँगा एक दिन
तेरी तरह दुश्मनों की सफ़ में शामिल नहीं हूँ मैं

मुख़्तलिफ़ = अलग प्रकार का, मुनाफ़िक़ = दोहरे चरित्र वाला, अहदे-वफ़ा = निष्ठा की स्वीकृति, सफ़ = क़तार

हसरतों की मेहँदी

एक मासूम-सी हसरत
अपने दिल में छुपाए
अपने दोनों हाथों को उठाए
एक नाज़नीं लड़की
शामो-सहर
आठों पहर
ये दुआ माँगती थी
कि
वो अपने हाथों में
मेरे नाम की मेहँदी सजाए
मेहँदी की तसलसुल लकीरों के दरम्यान
बड़े क़रीने से मेरे नाम को छुपाए
अपने मेहँदी लगे हाथ
बड़े तहम्मुल से मुझे दिखाए
और मुझे अपना नाम तलाशने को कहे
कुछ देर मोहब्बत की कशिश में रहे
किसी मंज़िले-मक़सूद के सफ़र में रहे
साँसों के वायलिन को बजाते हुए
अपनी उलझी हुई ज़ुल्फ़ों के असर में रहे
और जब मैं अपना नाम तलाश लूँ तो
पहले शरमाए, फिर मुस्कुराए
मेरे सीने से लग जाए

और धीरे से बोले–
आई लव यू
मगर ये हो न सका
मगर ये हो न सका
इश्क़ की रायगानियों ने
मेरी हयात को मुझसे जुदा कर दिया
उसकी मासूम ख़्वाहिश
मुझे अब भी रातों को जगाती है
रह रह के मुझे तन्हाइयों में रुलाती है
उसकी तमन्ना के एहतराम में
मैंने ख़ुद मेहँदी लगाई है
अपनी लिखी हुई किताब में छुपाकर
उस तक रंगे-हिना पहुँचाई है
मेरी नज़्मों की किताब को मेरी हथेली समझकर
वो मेरे हाथों को अपने हाथ में ले ले
मेरी लिखी हुई ग़ज़लों को मेहँदी समझकर
जहाँ मैंने बड़े क़रीने से उसका नाम छुपा के लिखा है
वो अपने नाम को तलाशे
और अगर वो अपना नाम तलाश ले
तो मेरी हथेली को अपने दिल से लगाकर
पहले शरमाए फिर मुस्कुराए
और धीरे से बोले–
आई लव यू
यक़ीनन हवा मेरा इतना काम करेगी
उसका दिया हुआ पैग़ाम मेरे नाम करेगी!

तसलसुल = लड़ी, तहम्मुल = संजीदगी, कशिश = खिंचाव, मंज़िले-मक़सूद = वह स्थान जहाँ पहुँचना है, रायगानी= फलहीनता, हयात = ज़िंदगी

कोई मुसव्विर होता, कोई शायर होता

कोई मुसव्विर होता कोई शायर होता
मेरा दिल भी तेरे प्यार में घायल होता

बेवफ़ा होने से बेहतर तो ये था कि
मैं तेरे पाँव का पायल होता

मुस्तक़बिल बना के भी क्या मिला मुझे
हयात मिलती जो मैं तेरा क़ायल होता

वो मिल जाती तो क्या मिल जाता
दिल मरने से ज़्यादा जीने पे मायल होता

मुसव्विर = चित्रकार, मुस्तक़बिल = भविष्य, हयात = ज़िंदगी, मायल = किसी पर अनुरक्त

तुम्हारी याद

जब भी धूप में किसी पेड़ से गुज़रता हूँ तो तुम्हारी याद आती है
मैं वो हीरो हूँ जिसकी हीरोइन कहानी के शुरुआत में ही मर जाती है

जब भी घर से निकलता हूँ तो कोई काट देता है रस्ता मेरा
मैं एक वाहिद मुसाफ़िर हूँ जिसकी ट्रेन अक्सर छूट जाती है

सामने देखता हूँ तो नज़र नहीं आता है कोई चेहरा मुझे
पीछे मुड़ता हूँ तो किसी के पुकारने की आवाज़ आती है

इश्क़ से मेरा ताल्लुक़ दिन और रात के जैसा है
मैं जब घर बदलता हूँ तो उसकी डाक आती है

चमक रहा है मेरे ज़ेहन में तेरी यादों का सितारा
आँख बंद करता हूँ तो अँधेरे से एक रौशनी आती है

तुमसे बिछड़ के किसी रात मैं ठीक से सोया ही नहीं
आँख लगते ही कोई आवाज़ मुझे फिर से जगाती है

मैं ख़ुश हूँ मगर एक उदासी है जो मुझसे लिपट जाती है
तुम्हें सोच के दिन गुज़ारता हूँ तुम्हें सोच के रात कट जाती है

एक चाँद उतरता है रोज़ मेरे आँगन में
एक चाँदनी मेरा दिल बहलाने रोज़ मेरे घर आती है

कभी सहरा मुझे बुलाता है, कभी दरिया मुझे बुलाती है
मैं हँसते-हँसते रो देता हूँ, जब याद तुम्हारी आती है...

कभी दिल कभी जाँ कभी ख़्वाब लेती है

कभी दिल कभी जाँ कभी ख़्वाब लेती है
ये ज़िंदगी है, वक़्त आने पे हिसाब लेती है

अच्छा हो बुरा हो, ऐब हो कि ख़ूबी हो
कोई लाख छुपाए, मगर ये निकाल लेती है

दौर बदला तो इज़हारे-इश्क़ भी बदला
वो लड़की तोहफ़े में फूल नहीं, किताब लेती है

मोहब्बत करने पे आए तो बेपनाह करती है
गर बदला लेने पे आए तो बेहिसाब लेती है

मेरा कोई मतलब नहीं तेरी दुनिया से लेकिन
ये दुनिया अपना मतलब निकाल लेती है

जो दिल से उतर गया, उसे दिमाग़ में क्या रखना

जो दिल से उतर गया उसे दिमाग़ में क्या रखना
जो कमज़र्फ़ है उसे निगाहे-नाज़ में क्या रखना

उससे उसी को भूल जाने की दुआ माँग लो
टूटे हुए तारे को आसमान में क्या रखना

जो वक़्त आने पे जाँ की हिफ़ाज़त ना कर सके
ऐसी तलवार को मयान में क्या रखना

वफ़ा, ख़ुलूस जिसकी लुग़त में ना हो शामिल
ऐसी दलीलों को उससे ख़िताब में क्या रखना

ज़िंदगी की कश्ती है और रिश्तों का भँवर
जो डूबने का सबब बन जाए उसे पतवार में क्या रखना

कमज़र्फ़ = ओछा/नीच, ख़ुलूस = स्नेह, लुग़त = शब्दकोश

उससे बात नहीं होती मगर राब्ता रहता है

उससे बात नहीं होती मगर राब्ता रहता है
मुझे पता है मेरा महबूब कहाँ रहता है

मुमकिन है कि मैं तीरगी में डूब जाऊँ
मेरे दिल में कुछ भारी भारी-सा रहता है

दीए को भी होती है दुआ की ज़रूरत
अक्सर चिराग़ों के तले अँधेरा रहता है

ख़ुदा इसे हर तूफ़ाँ की नज़र से बचाए
इस पेड़ पर चिड़ियों का बसेरा रहता है

पुराना पेड़ बुज़ुर्गों की मानिंद होता है
फल ना भी दे तो साया रहता है

मैं, तुम, वो और कुछ यादों की दौलत
एक छोटे से दिल में क्या-क्या रहता है

ये किसकी याद में तू पागल जैसा फिरता है
ये किस ख़याल में तू हरदम डूबा रहता है

राब्ता = संबंध, तीरगी = अँधेरा

मुझे इश्क़ में मुब्तला कर दे

मुझे इश्क़ में मुब्तला कर दे
तू रक़ीबों को इत्तिला कर दे

मेरे सीने में नहीं है कोई ज़ख़्म
तू चाहे तो इब्तिदा कर दे

तू मुझे तड़पा और इतना तड़पा
कि दर्द की इंतिहा कर दे

जब गिर जाऊँ तेरे क़दमों में
मेरी जाँ जिस्म से जुदा कर दे

मुझे दूर एक जंगल में दफ़ना
मेरी कब्र को गुलसिताँ कर दे

मुब्तला = संकटग्रस्त, रक़ीब = प्रतिद्वंद्वी, इत्तिला = सूचित

गुले-गुलशन हो के भी बर्बाद रहना

गुले-गुलशन हो के भी बर्बाद रहना
बहुत दुख देता है मुझे तेरा नाशाद रहना

न होंठों पे हँसी, न दिल में कोई जज़्बा
अच्छा नहीं लगता है मुझे तेरा उदास रहना

कितना बुरा लगता होगा चाँद को
चाँदनी रात में भी तेरा महव-ए-यास रहना

बहुत ज़रूरी है, ये हुनर ज़िंदगी के लिए
कि सहरा में हो के भी शादाब रहना

मेरी याद आए तो एक दीया जला देना
मैं आबाद हूँ तुम भी आबाद रहना

नाशाद = दुखी, महव-ए-यास = दुख में खोया हुआ, सहरा = रेगिस्तान, शादाब = हरा

नहीं पता कि...

नहीं पता कि तुम मुझे याद करती हो
या मेरी रूह तुमसे वाबस्ता है
लेकिन कोई ख़ला है जो मुझे बेचैन कर रही है
मेरे दिलो-दिमाग़ को उदासियों से भर रही है
दश्तो-सहरा में खिली हुई एक कली की क़सम
कैसे कहूँ, क्या कहूँ कि मेरी क्या हो तुम
मेरे दिल के दलदल में एक झील दफ़्न है
उस झील में खिली हुई एक निलोफ़र हो तुम
जिसे छूना चाहूँ भी तो छू ना सकूँ
मेरे ज़ेहन के पहाड़ पे खड़ी एक सनोबर हो तुम
अब इससे ज़्यादा क्या पछतावा करूँगा मैं
कि तुम्हारी धूल से मोहब्बत का दावा करूँगा मैं
तेरी बद्दुआ रंग ला रही है
अब ताउम्र शायरी करूँगा मैं
अपनी ख़ुदपरस्ती की ये सज़ा काटूँगा मैं
कि एक रोज़ उदासियों की दवा बाटूँगा मैं
तुमसे आख़िरी मुलाक़ात की सालगिरह पे
टूटे हुए दिलों को मुफ़्त में टाकूँगा मैं
अगर ज़िंदगी ने मौक़ा दिया तो मरने से पहले
एक बार तुमसे मिल के माफ़ी माँगूँगा मैं

दश्तो-सहरा = मैदान और रेगिस्तान, निलोफ़र= कुमुदनी, सनोबर = चीड़ का पेड़, ख़ुदपरस्ती = ख़ुद को बहुत ज़्यादा महत्त्व देने वाला

इस तरह उसे दिल में महफ़ूज़ कर लिया है

इस तरह उसे दिल में महफ़ूज़ कर लिया है
एक ग़ज़ल लिखा है और मख़दूम कर लिया है

वो चाहकर भी ताउम्र, ना भुला सकेगी मुझे
मैंने अपनी चाहत को मज़मून कर लिया है

आज फिर याद आई है उसकी, आज फिर से
उसकी तस्वीर देखकर सुकून कर लिया है

आज रात मैं वज़ू करके बिस्तर पे जाऊँगा
मैंने उससे ख़्वाबों में मिलने का जुनून कर लिया है

उसकी यादों के शहर में भटकते-भटकते
मैंने अपनी तन्हाई को भी हुजूम कर लिया है

मख़दूम = पूज्य, मज़मून = लेखबद्ध

मैं ज़्यादा थक जाऊँ तो नींद नहीं आती

मैं ज़्यादा थक जाऊँ तो नींद नहीं आती
अगर आ भी जाए तो अच्छी नहीं आती
इसके दिल में पत्थर की कोई परत है शायद
इस ज़मीन से फ़सल अच्छी नहीं आती
ये किसने ज़हर छिड़क दिया है पेड़ों पर
इस बाग़ से हवा अच्छी नहीं आती
इस चमन को भौंरों ने इतना लूटा है कि
इसके फूलों से कोई ख़ुशबू नहीं आती
एक इमदाद है तेरे जलाए हुए दिए की रौशनी
आती तो है मगर ग़रीबों तक नहीं आती
प्यासे को चलकर नदी तक जाना पड़ता है
कोई नदी चलकर प्यासे तक नहीं आती
तेरी बेरुख़ी की तपिश ने मेरा दिल सुखा दिया
इस पहाड़ से निकलकर कोई नदी नहीं आती
हर तरफ़ से आती है मदद की सदाएँ लेकिन
अफ़सोस कोई सदा तेरे जानिब से नहीं आती
महफ़िल में सबकी निगाहें बस उसे ढूँढ़ती हैं
सब आते हैं मगर वो दिलरुबा नहीं आती
मत छेड़ा करो मुझे उसका नाम लेकर यारों
बहुत रोना आता है मुझे हँसी नहीं आती
मैं चाहूँ तो दुश्मनों को दोस्ती का भरम दे दूँ
मगर क्या करूँ मुझे दुनियादारी नहीं आती

मैंने ये सोचकर उसके पाँव चूमे कि वो गले लगा लेगा

मैंने ये सोचकर उसके पाँव चूमे कि वो गले लगा लेगा
मिटा के सारी ग़लतफ़हमियाँ मुझे अपना बना लेगा
बन के ख़ुदा आसमाँ से मेरे दिल में उतर आएगा
मेरे हाथों को चूमेगा और अपना मुस्तक़बिल बना लेगा
मैं कि ठहरा एक सज्जादा-नशीं-ओ-ख़ाना-नशीं
मुझे क्या इल्म था कि झुकने पर वो मेरी जाँ लेगा
मैंने उसकी चौखट पे सजदे किए थे पर ये गुमाँ न था
वो कमज़र्फ़ है मेरी पीठ को पायदान बना लेगा
उसकी आँखों में रक़्से-वहशत है इतनी ज़्यादा
कि निगेटिव ना भी हो तो मेरी तस्वीर बना लेगा
और तो कुछ ख़ास नहीं है उसमें बस इतना है कि
अगर ज़रूरत पड़ जाए तो मुझे बेवक़ूफ़ बना लेगा
उसकी हर ग़लती उसके लिए एक बच्चे का खेल है
गर ख़ता हो दूजे की तो तिल का ताड़ बना लेगा
तुम सच का दम भरते रह जाओगे मासूमों
वो झूठ बोलेगा और दुनिया को दीवाना बना लेगा
मुझे अपना दुश्मन कहके पुकारा करो महफ़िलों में
वो मेरे साथ तुम्हें देखेगा तो एक फ़साना बना लेगा

मुस्तक़बिल = भविष्य, सज्जादा-नशीं-ओ-ख़ाना-नशीं = धार्मिक व्यक्ति और सांसारिक विषय वासनाओं से दूर रहने वाला, रक़्से-वहशत = अनियंत्रित भावनाएँ, फ़साना = कहानी

मैं मोहब्बत लिख रहा था, क़लम रुक गई है

मैं मोहब्बत लिख रहा था क़लम रुक गई है
एक सूखी हुई नदी में मेरी कश्ती रुक गई है

वक़्त भी न जाने कैसे-कैसे सितम करता है
बारह बजे हैं उसकी याद के और घड़ी रुक गई है

उससे गले मिलने की बेचैनी और ये इंतिज़ार
मेरी ट्रेन स्टेशन से थोड़ा पहले रुक गई है

ये मोहब्बत तो नहीं सियासत है बेशक
बात जो कहनी थी ज़ुबाँ पे आकर रुक गई है

मैं अब कैसे उड़ूँ आसमानों में 'शैलेंद्र'
मेरे ख़िलाफ़ चलने वाली हवा रुक गई है

तुम हमें याद करो न करो, हम तुम्हें याद करते रहेंगे

तुम हमें याद करो न करो, हम तुम्हें याद करते रहेंगे
यूँ ही बिस्तर पे लेटे हुए, कोई पुरानी किताब पलटते रहेंगे

इश्क़ किया है कोई तिजारत या सौदा तो नहीं किया
एकतरफ़ा ही सही, हम तुम्हें प्यार करते रहेंगे

वक़्त के साथ नमूदार हो जाना फ़ितरत है मेरी
मैं एक पेड़ हूँ सहराओं का, मेरे पत्ते झड़ते रहेंगे

क्यों करूँ शिकायत किसी से, अपने घायल होने का
मैं एक शाख़ हूँ मीठे फल का, मुझ पे डंडे चलते रहेंगे

मेरी ग़ज़लों में मोहब्बत की कोई निशानी न तलाशो
मैं एक आवाज़ हूँ मज़लूमों का, मेरे आँसू बहते रहेंगे

तुम अपनी मंज़िल तक पहुँच जाओ ये दुआ है मेरी
मैं एक रस्ता हूँ वीराने का, मुझ पे मुसाफ़िर चलते रहेंगे

ज़िंदा रहने के लिए थोड़ी-सी बेदारी ज़रूरी है मासूमों
एक बुज़ुर्ग ने कहा था जो सीधे पेड़ हैं, कटते रहेंगे

तिजारत = व्यापार

ख़ुद से ख़ुद को कितना सताओगे

ख़ुद से ख़ुद को कितना सताओगे
तुम एक दिन शोला बन जाओगे

सोते जागते बस उसी से रंज
उसे हरा के भी तुम क्या पाओगे

दिल में धधक रहे हैं जो दर्द कई
रातों को उठ-उठ के बुझाओगे

कोई नहीं बताएगा तुम्हें राह नयी
दोराहे पर खड़े ख़ुद को समझाओगे

शादाब ख़यालों को आबाद करो
ज़ेहनी लड़ाई में बर्बाद हो जाओगे

माचिस की तीली का क्या जाएगा
तुम एक दिन ख़ाक हो जाओगे

मेरे दिल को सुकूँ, जाँ को रवानी दे दे

मेरे दिल को सुकूँ, जाँ को रवानी दे दे
जिसे कभी न भूल पाऊँ, वो कहानी दे दे

अपनी अश्कों से भिगो मेरे सूखे दिल को
मैं हरा हो जाऊँ गर तू मुझे पानी दे दे

मैं ख़ुद को भूलता जा रहा हूँ दोस्तों
कोई मेरे बचपन की लाके निशानी दे दे

जो मेरे पीठ पर पीछे से वार ना करे
ख़ुदा मुझे एक दुश्मन ख़ानदानी दे दे

बड़ा होके बहुत छोटा हो गया हूँ मैं
मुझे फिर से बचपन की नादानी दे दे

वो मेरे दस्तरस में नहीं है तो क्या हुआ

वो मेरे दस्तरस में नहीं है तो क्या हुआ
ज़िंदगी मेरे वश में नहीं है तो क्या हुआ
उसकी याद से मेरा दिन बन जाता है
वो मेरे नफ़स में नहीं है तो क्या हुआ
मेरी माँ के क़दमों में जन्नत है मेरी
जिसकी अंगुली पकड़ के, मैं बड़ा हुआ
मेरे नसीब तू मुझे इतना भी न सता
मैं एक हीरा हूँ पत्थरों में पड़ा हुआ
ग़लतफ़हमियों ने पत्थर बना दिया है वर्ना
मैं भी रहता था किसी अँगूठी में जड़ा हुआ
उसके माज़ी के पन्नों को आहिस्ता पलटो
मैं मिल जाऊँगा किसी किताब में छुपा हुआ
एक आँधी ने ज़मींदोज़ कर दिया है मुझे
मैं एक फूल था उसके जूड़े में खिला हुआ
मैं इश्क़ के बाज़ार में मोती के मोल बेचूँगा
उसके प्यार में, एक-एक आँसू गिरा हुआ

दस्तरस = पहुँच में

अपने ज़ख़्मों को ख़ुद ही छुपा रहा हूँ मैं

अपने ज़ख़्मों को ख़ुद ही छुपा रहा हूँ मैं
इतना डरा हूँ कि दिखाते हुए घबरा रहा हूँ मैं

कौन समझेगा जहालत से भरी इस दुनिया में
रफ़्ता-रफ़्ता ये हादसा भी भुला रहा हूँ मैं

उसके दिए हुए ज़ख़्म अब फूल बन गए हैं
अपनी जान के दुश्मन को सहला रहा हूँ मैं

मैं भूखा सो भी जाऊँ तो क्या किसी को
ख़ुद से ही ख़ुद को मना रहा हूँ मैं

मेरी माँ ने सोने की कटोरी सँभाल रखी है
अगली ट्रेन से वापस, गाँव जा रहा हूँ मैं

गए वक़्तों को पलटोगे तो ये समझोगे
अपनी ज़िंदगी में एक हादसा रहा हूँ मैं

न कली है, न चमन है, न बहार है
कोई मुझे रोके किधर जा रहा हूँ मैं

जहालत = अज्ञानता

वो समझ के भी, नासमझ हो जाएगा

वो समझ के भी नासमझ हो जाएगा
सच कहोगे तो दोस्त दुश्मन हो जाएगा

ये हुक्म है नये समाजी ठेकेदारों का
सर उठा के चलोगी तो रेप हो जाएगा

मेरी बेटी तू घर से बाहर ना निकल
क्या पता इंसान कब हैवान हो जाएगा

जिसके सिर पर इल्ज़ाम है रेप और क़त्ल का
अगले चुनाव में वो दीवान हो जाएगा

मरके एक लड़की ने रोते हुए पूछा है राम से
आपके राज में क्या ख़ून पानी हो जाएगा

सुनके लड़की को राम ने सर झुका के कहा
लगता है अब मेरा दूसरा वनवास हो जाएगा

सदियों से दफ़्न है सीने में जो दर्द 'शैलेंद्र'
मत छेड़ो उसको एक मुद्दा खड़ा हो जाएगा

तेरे शहर से जब गुज़रूँ

तेरे शहर से जब गुज़रूँ मेरा दिल धड़क जाता है
बहुत ख़ुशनसीब है वो रस्ता जो तेरे घर जाता है

तुमसे बिछड़े एक उम्र हुई फिर भी दोस्त कहते हैं
शैलेंद्र अब भी मिलने उस लड़की के घर जाता है

दुनिया के नुक़्ताचीनी से मैंने घर बदल लिया वर्ना
शौक़ से कौन अपनी गली को छोड़कर जाता है

मैंने इश्क़ इबादत के तरह की थी टूटकर तुमसे
ये दौलत ये शोहरत कहाँ ख़ुदा के घर जाता है

गर इबादत पर तुम्हें यक़ीं हो तो रूठ जाना 'शैलेंद्र'
सुना है महबूब को मनाने ख़ुदा उसके घर जाता है

मोम का दिल

मोम का दिल लेकर आग से दोस्ती की
कुछ इस तरह हमने अँधेरे में रौशनी की

जब भी मिला किसी बहाने से एक बार
मेरा दोस्त हो गया वो जिसने दुश्मनी की

बहुत कोशिशें की मैंने मनाने की उसको
पर समझ ना सका मैंने क्या ग़लती की

शबे-गम तुझे मेरी मोहब्बत की क़सम
तू बता किस-किस ने मेरी शिकायत की

मेरे हालात मेरे उसूल से टकराने लगे हैं
ख़ुदा अब हिसाब कर दे मेरे इबादत की

वो गुज़र रही है मेरे क़रीब से महजबीं की तरह

वो गुज़र रही है मेरे क़रीब से महजबीं की तरह
मैं तकता रहा हूँ देर तक अजनबी की तरह

उसकी बातें बेमिसाल हैं, लहजा कमाल है
मैं खो गया हूँ उसमें ख़ुदा की बंदगी की तरह

नैन ख़ंजर, जिस्म संदल, रूह पुरनम
वो बढ़ रही है मुझमें तिश्नगी की तरह

साँस तारी है आँख भारी है और चेहरा ढका हुआ
मैं जिए जा रहा हूँ उसे ज़िंदगी की तरह

उसकी मर्ज़ी जिसे चाहे रौशन कर दे 'शैलेंद्र'
वो पुरनूर है, अँधेरी रात के जुगनू की तरह

बावरी लड़की

उसके आने की ख़बर उसकी पायल देती थी
वो लड़की जब चाहे मुझे हँसा देती थी

मैं तुमसे बहुत दूर चली जाऊँगी एक दिन
बस इतना कहती थी और रुला देती थी

तबियत नासाज़ हो या दिल ख़ार-ख़ार
हँसी, शरारत और शोख़ी ये दवा देती थी

कभी पकड़ के कलाई कभी चूम के माथा
हर लम्हा मुझे ज़िंदगी की दुआ देती थी

कभी टूटते तारे को देखा तो सिर्फ़ यही माँगा
तुम मेरे हो, मेरे ही रहना, ये कहा करती थी

कभी ज़िंदगी के धूप में कभी ज़िंदगी के छाँव में
कभी सुब्ह के जोश में कभी शाम की थकान में

कभी ख़्वाबो-ख़याल में कभी रंगे-जमाल में
हर सिम्त वो मुझे अपने प्यार का आँचल देती थी

हमारे प्यार को नज़र न लगे ज़माने की 'शैलेंद्र'
अपनी आँख का काजल मेरे माथे पर लगा देती थी

अजीब शख़्स हो

अजीब शख़्स हो
फूल बाँटते हो
ख़ुदग़र्ज़ी के दौर में
उसूल बाँटते हो

आज सड़क पे
एक भिखारी ने कहा मुझसे
कोई नहीं है भूखा
खाना फ़िज़ूल बाँटते हो...

मेरी ज़ुबाँ से आह भी ना निकले

मेरी ज़ुबाँ से आह भी ना निकले
और सितमगर ख़ाक हो जाएँ

मेरे मौला मुझ पे इतना करम करना
मिलकर दुश्मन भी पाक हो जाएँ

मैं चला जा रहा हूँ फूल की तलाश में
ताज्जुब नहीं कि मेरे दामन में काँटे आएँ

मुझे न रास्ते से शिकवा है न तूफ़ान से
ये मुमकिन है कि लौटकर मेरी यादें आएँ

जिसका कोई नहीं होता उसका ख़ुदा होता है
तेरी हस्ती से 'शैलेंद्र' ये आवाज़ें आएँ

कितना मुश्किल होता है

कितना मुश्किल होता है यादों को भुलाना
जैसे भूखे बच्चे को लोरी गाकर सुलाना

हक़ीक़त की लौ पर तमन्नाओं की पतीली
और फिर इंतज़ार में दिल को बहलाना

एक मुद्दत के बाद मैं मिला उससे
इश्क़ का नसीब होता है बिछड़ जाना

मैं सावन की तरह बरस पड़ा उस पर
कितना सुकून देता है आँखों से बोझ उतर जाना

दिल में चोट और होंठों पे हँसी
वो पूछे हाल तो 'शैलेंद्र' साफ़ मुकर जाना

लोहा और जंग

उसमें लोहा बहुत है कम, जंग ज़्यादा है
वो बादशाह की शक्ल में एक प्यादा है

मैंने आज़माकर देखा है उसे कई मर्तबा
उसकी तरह उसका दिल भी तंग ज़्यादा है

किसी ज़ुल्म पर कभी खौलता ही नहीं
उसके ख़ून में भी पानी ज़्यादा है

उसके वादों का कोई कैसे करे ऐतबार
उसमें गहराई कम, रवानी ज़्यादा है

अच्छे के साथ सब अच्छा ही होता है
इस जुमले में सच कम, झूठ ज़्यादा है

मजबूरी

वो भी मजबूर थी, क्या करे!
गर्दन पे शमशीर थी, क्या करे!

मिलना तो चाहती थी मुझसे
पाँव में ज़ंजीर थी, क्या करे!

एक नजूमी ने देखा था हाथ मेरा
इश्क़ धुँधली लकीर थी, क्या करे!

वो भाग भी सकती थी मेरे साथ
बीच में नकसीर थी, क्या करे!

मिली भी तो फूटी मिली मुझे
वो मेरी तक़दीर थी, क्या करे!

अब भी उसे पढ़ने को जी चाहता है
एक अधूरी तक़रीर थी, क्या करे!

शमशीर = तलवार, नजूमी = ज्योतिषी

मैं कैसे बताऊँ

मैं कैसे बताऊँ कि मुझ पे और क्या-क्या गुज़रा
तुम्हारी गली से जब कोई नामुराद दूसरा गुज़रा

दोस्तों की दुआ याद आती रही शबे-फ़िराक़
मैं जी भर के रोया जब कोई मयकदा गुज़रा

कल ख़्वाब में उसने पूछा था मेरा हाल हँसकर
मैंने कह दिया कि तुम्हारे बाद बहुत बुरा गुज़रा

ज़िंदगी के तगो-दौ से उदास हुआ जब ये दिल
रात भर मेरी आँखों से होकर तेरा चेहरा गुज़रा

ज़िंदगी धूप छाँव खेलती रही तेरे बाद भी मगर
जो तेरे साथ गुज़रा बस वही वक़्त शादमाँ गुज़रा

नामुराद = दुर्भाग्यशाली, शबे-फ़िराक़ = जुदाई की रात, मयकदा = शराबघर, तगो-दौ = संघर्ष, शादमाँ = उल्लासपूर्ण

नदामत

एक नदामत ने मुझे रुला दिया
कि मैंने क्यों उसे भुला दिया
मैं जा रहा था उसे सोचकर
हवा ने एक फूल गिरा दिया
सरे-शाम याद आई उसकी
मैंने एक दिया जला दिया
रात शरमा रही थी वस्ल की
हवा ने चिराग़ बुझा दिया
उससे गुफ़्तगू चली थी कि बस
किसी ने नींद से जगा दिया
कब से बिखरा हुआ था मुझमें
मैंने उसे नज़्मों में सजा दिया
फिर उस बादे-सबा ने मुझे
थपक-थपक के सुला दिया
कितनी मिन्नतों के बाद फिर
रौशनी ने अपना पता दिया
इत्तेफ़ाक़न ज़िंदगी ने मुझे उसे
तर्ज़े-सुख़न में मिला दिया

नदामत = पछतावा, वस्ल = मिलन, बादे-सबा = सुबह की ताज़ी हवा, तर्ज़े-सुख़न = कविता लिखने की शैली

बड़ी दिलकश बड़ी दिल जू गुज़री है

बड़ी दिलकश बड़ी दिल जू गुज़री है
मेरे क़रीब से होकर एक ख़ुशबू गुज़री है
रम्ज़ दे गई है मुझे निगाहे-शोख से
जो एक निगाहे-बादा-गूँ गुज़री है
मेरा गुमाँ तो नहीं है मगर फिर भी
न जाने क्यों लगा है कि तू गुज़री है
मिट गया है तीरगी का नामो-निशाँ
जब आँख से होकर वो चाकसू गुज़री है
नक़्श-बर-आब है या फ़लक की गुल कोई
एक लड़की जो इस कू-ब-कू गुज़री है
महक उठा है चमने-दिल-कुशा मेरा
जब वो इख़्तिलात-ए-रंगो-बू गुज़री है
मलते रहते हैं अपनी आँख को हम तन्हा
उससे बिछड़ के हमारी उम्र यूँ गुज़री है

दिल जू = हसीं, निगाहे-बादा-गूँ = शराबी निगाहों वाली, गुमाँ = संदेह, तीरगी = अँधेरा, चाकसू = आँख की बीमारी दूर करने वाला चूर्ण, नक़्श-बर-आब = पानी पर बनाया हुआ चित्र, कू-ब-कू = हर जगह, चमने-दिल-कुशा = दिल लुभाने वाला बाग़, इख़्तिलात-ए-रंगो-बू = रंग और ख़ुशबू का मेल

क़िस्सा न किसी कहानी में मिलेगा

क़िस्सा न किसी कहानी में मिलेगा
मोती सिर्फ़ गहरे पानी में मिलेगा

किससे बाँटा जाए ग़म अपना
जिसे देखिए परेशानी में मिलेगा

मैं अज़ल से चाहता हूँ तुम्हें
मेरा इश्क़ जावेदानी में मिलेगा

तुम मुझसे राब्ता रखो या न रखो
तेरा ज़िक्र मेरी कहानी में मिलेगा

शायद तुम्हारी एक नज़र हो जाए

शायद तुम्हारी एक नज़र हो जाए
मेरा दिल ख़ुशियों का शहर हो जाए

मैं लिखता हूँ मोहब्बत इसलिए कि
मेरे लिखने का कुछ असर हो जाए

रेज़ा-रेज़ा जोड़ रहा हूँ पैसे आजकल
मुस्तक़बिल में मेरा एक घर हो जाए

इतनी दूर कर लिया है आशियाँ तूने
कोई सुबह चले तो दोपहर हो जाए

नहीं चाहिए मुझे सिक्कों का बोझ
बस यूँ हो कि ज़िंदगी बसर हो जाए

उम्र के दोपहर में इश्क़ की आराइश
होनी तो नहीं चाहिए मगर हो जाए

सहरा हो या समंदर आप सफ़र में रहिए

सहरा हो या समंदर आप सफ़र में रहिए
बुत हो जाएँगे सनम आप सजदे में रहिए
नेकियाँ काम आती हैं अक्सर मुश्किलों में
जब डूब जाएँ, किसी तिनके को पकड़े रहिए
किरदार ऐसा हो कि ख़ुशबू फैले ज़माने में
काँटों के दरम्यान गुलाब-सा महकते रहिए
कौन रोक सका है सर्द हवाओं को दोस्त
यूँ ही हरदम फूलों की तरह खिलते रहिए
अँधेरी रात के बादसुहानी सुबह आएगी
आप चिराग़ हैं चिराग़-सा जलते रहिए
उदासी कोई भी हो दामन छोड़ देती है
आप ख़ुद परमुसलसल हँसते रहिए
दिल को दवा की ज़रूरत ही नहीं पड़ेगी
सुबह-शाम बस दोस्तों से मिलते रहिए
ताल्लुक़ ऐसे हों कि कोई 'मतलब' न हो
ये क्या कि तिजारत में हाथ मलते रहिए
मेरे कॉलेज में एक लड़की ने कहा था मुझसे
'शैलेंद्र' आप अच्छा लिखते हैं लिखते रहिए

आधी दुनिया के लिए

रफ़ाक़तें तुमसे
विसाल तुमसे है
जलवा तुमसे
जमाल तुमसे है

जिससे रौशन है
दिल की दुनिया
बिंते-हव्वा
वो कमाल तुमसे है

रफ़ाक़त = संग/मेलजोल, विसाल = प्रेम मिलन, जमाल = ख़ूबसूरती, बिंते-हव्वा = हव्वा की बेटी (स्त्री वर्ग)

दुनिया है कि मक़तल

हर तरफ़ ख़ून है
हलचल है
ये दुनिया है कि
मक़तल है

मक़तल = क़साईख़ाना

लता दीदी के लिए

दिल की डाली
पर बैठकर अब
क़ता नहीं गाएगी
जन्नत का फ़रमान
है ज़मीं पर
लता नहीं गाएगी

माँ सरस्वती

ख़दो-ख़ाल पे भारी है
इल्म का जादू
हो जिसपे तेरी रहमत
उसे कमी क्या है

ख़दो-ख़ाल = चेहरा-मोहरा, इल्म = ज्ञान/कौशल, रहमत = कृपा

तूने चाहा था

तूने चाहा था जिस लड़के को
अब वो शायर है
तेरे बाबे-क़ुबूल की इंतिहा
और क्या होगी

बाबे-क़ुबूल = प्रार्थनाओं के स्वीकृति का द्वार

तेरी याद बहुत अज़ीज़ है

तेरी याद बहुत अज़ीज़ है
मोनिसे-जाँ मगर
वो लड़की बहुत अज़ीम है
जो मेरे साथ सफ़र में है

मोनिसे-जाँ = प्रेयसी, अज़ीज़ = प्यारी, अज़ीम = बड़े सम्मान वाली

कविताएँ

राणा प्रताप के जन्म दिन पर

मुग़लों का संताप हुआ
देखो एक प्रताप हुआ
वह जनता जननायक
आज़ादी का अधिनायक
मूल्यों का है परिचायक
वह सेनानी दलनायक
आदर्शों का वृक्ष विशाल
निकल पड़ा है लेकर भाल
आज कुपित है देखो काल
चेतक की है तूफ़ानी चाल
धर्म-ध्वजा फहराने को
केसरिया लहराने को
राष्ट्र का संलाप हुआ
देखो एक प्रताप हुआ

वह गौरव है गौरवशाली
माथे चमके जिसके लाली
जिसने कभी न हार मानी
किया वही जो उसने ठानी
वह अविजित है अभिमानी
जिसका नहीं है कोई सानी
जननी जिससे गर्वित है

भारत जिससे उर्जित है
आज रगों में दौड़ रहा है
सबके मन को कौंध रहा है
अपना इतिहास बताने को
एक नयी ज्योति जलाने को
विदीर्ण हृदय का ताप हुआ
देखो एक प्रताप हुआ

दुश्मन मिला था माटी में
हाँ हाँ पुण्य हल्दीघाटी में
वह अनोखा वह अलबेला
झंझावात है जिसने झेला
जिसके पीछे मस्तों का मेला
देखो कैसा खेल है खेला
जिसने काम अनन्य किया
अलबेला अनुमन्य किया
उसी ने धरती धन्य किया
नाम अमर मूर्धन्य किया
वह प्रहरी है वह प्रखर है
वह अजर है वह अमर है
दुष्ट दलों को सबक़ सिखाने
अरि जनों को धूल चटाने
दुष्टों का विलाप हुआ
देखो एक प्रताप हुआ

वह शोणित वह मार्तंड
भारत का है भाग्य अखंड

मन का है विश्वास प्रचंड
घुमड़ रहा है ये घमंड
भारत के बेटों भूला न देना
अपनी पहचान मिटा न देना
उसी प्रताप के वंशज हो
समय-समय पर जता भी देना
दर्ज हैं जिसकी छाती में
कितने घात हैं थाती में
नयी नस्लों को राह दिखाने
धर्म ध्वजा का मोल बताने
धरती पर पदचाप हुआ
देखो एक प्रताप हुआ

जिसे अपनी मिट्टी प्यारी है
जननी जन से न्यारी है
वो अग्नि है अगियारी है
नयी सुबह दुधियारी है
अश्व टाप से धूल उड़ा
वीरों ने क्या ख़ूब लड़ा
पहन के केसरिया चोला
निकला है मस्तों का डोला
बरसा बरसा देखो शोला
दुश्मन ने नतमस्तक बोला
होली है या कोई है होला
डम-डम-डम डमरू बोला
धरणी को मुक्त कराने
एकलिंग से युक्त कराने

मौन ग़दर चुपचाप हुआ
देखो एक प्रताप हुआ

जिसने महलों को दुत्कार दिया
आजीवन दुख स्वीकार किया
मक्कारी का प्रतिकार किया
एक बार नहीं सौ बार किया
उस नरव्याघ्र को करो नमन
वो आर्य-पुरुष है अहो परम्
वो क्रांतिसूर्य वो कमल दिवाकर
वो मेवाड़-केसरी वो रत्नाकर
वो भारत का भूषण है
करमध्ये करभूषण है
एका का मूल्य बताने
सोए सिंहो को समझाने
निष्ठा का नव नाप हुआ
देखो एक प्रताप हुआ

अखिल विश्व अनुनाद हुआ
द्रुम दहाड़ सिंहनाद हुआ
नभ से बड़ा निनाद हुआ
नया सूर्य ईजाद हुआ
मुस्का के मरना पड़ता है
किसी को करना पड़ता है
एक की ग़लती हो या दूजे की
मगर सबको भरना पड़ता है
आपस में हो फूट सही

दिल में हो टूट सही
मगर देश धर्म के लिए
सबको तरना पड़ता है
छलनी सीना सहलाने को
बड़ी बात बतलाने को
राम कृष्ण का जाप हुआ
देखो एक प्रताप हुआ

समझोगे इसे कालांतर में
संभव है प्रकारांतर में
या शायद अभ्यांतर में
नहीं नहीं विषयांतर में
कहाँ से चले थे कहाँ आ गए हो
आगे क्या है जहाँ आ गए हो
व्यष्टि से नाता तोड़ो
समष्टि से रिश्ता जोड़ो
भविष्य का तंत्र बताने
महनीयता का मंत्र सिखाने
बड़ा ही पावन प्रलाप हुआ
देखो एक प्रताप हुआ...

जाड़े की मध्यरात्रि में

जाड़े की मध्यरात्रि में
श्वानों के विलाप ने
मुझे जगा दिया है
सन्नाटे का व्यक्तित्व अपनी विशालता से
मुझे अचंभित कर रहा है
और मुझे लघुत्तर साबित करने की
हर मुमकिन कोशिश कर रहा है
पिछले कुछ दिनों से एक गोल चेहरा
मेरे ज़ेहन में इस तरह से गोल-गोल घूम रहा है
जैसे वक़्त का पहिया उल्टा घूम रहा हो
जैसे कोई बायस्कोप चल रहा हो
जैसे कोई टाइम मशीन मुझे पीछे खींच रही हो
मैं अपने बिस्तर के सामने वाली दीवार पर
एक चलती हुई फ़िल्म को महसूस कर रहा हूँ
मैं अपनी आत्मा की अदालत में हाज़िर हूँ
मैं अपने बनाए हुए उसूलों के कटघरे में खड़ा हूँ
सिर झुकाए हुए, नज़र गिराए हुए!
दो कजराई आँखें मुझसे जिरह कर रही हैं
और कुछ कठिन सवाल पूछ रही हैं
तुम इतने कठोर कैसे हो सकते हो
तुम इतने निष्ठुर कैसे हो सकते हो
तिस पे ये कवि और शायर होने का दावा

क्या प्रेमगीत लिखने से पहले
तुमने मेरी इजाज़त ली?
तुम्हें कोई भी प्रेमगीत लिखने के बाद
उसे मेरी एथिक्स कमेटी से एप्रुव कराना होगा!
और मैं तुम्हें शून्य अंक दूँगी!
मैं तुम्हारी लिखी कविताओं की ऑडिट करूँगी
और अपनी आपत्तियाँ दर्ज कराऊँगी
क्या एक कवि या शायर को
स्वयं परीक्षा नहीं देना चाहिए
अपने सुकोमल और पवित्र हृदय होने का?
अपने प्रेमगीतों के सच होने का?
मैं भारहीनता की स्थिति में पहुँच चुका हूँ
मेरी आँखों में आँसू हैं
मेरे लिए दुनिया का सबसे मुश्किल काम है
अपने अंतर्मन को संतोषजनक जवाब देना
लेकिन मेरे पास ख़ुद को देने के लिए कोई जवाब नहीं है
हाँ कुछ बहानों की तलाश में जुटा हूँ
लेकिन उससे सिर्फ़ कविता लिख सकता हूँ
या कोई नज़्म या ज़्यादा से ज़्यादा कोई ग़ज़ल
जैसे अभी-अभी लिख दिया है एक कविता:-

'मैं एक जंगल का फूल था
तू एक बाग़ की कली थी
मैं पतझड़ में पला बढ़ा
तू बसंत में खिली थी
मैं एक वीराने का फल था
तू मीठे गुड़ की डली थी

मैं किसी और मौसम का बयार था
तू किसी और मौसम में बही थी
मैं किसी और मिट्टी का बना था
तू किसी और मिट्टी की महक थी
मैं एक अँधेरे का दीपक था
तू एक चाँद की चमक थी
मैं एक दुख का शेर था
तू एक मोहब्बत की ग़ज़ल थी
मैं किसी और दुनिया का आदमी था
तू किसी और दुनिया में मुझे मिली थी
हम एक ना हो सके तो मुझे माफ़ करना
कि मैंने अपनी ज़िंदगी पत्थरों को हटाते हुए गुज़ारी थी
कि मैंने बचपन से कभी हीरा देखा ही नहीं था
कि मैं तुम्हें पहचान पाता...
वैसे सुना है तुम बहुत ख़ुश हो
मुझे भी ख़ुश रहने दो ना!
तुम भी कहीं चैन से सो रही होगी
अब मुझे भी चैन से सोने दो ना!
और हाँ सुनो!
मैं प्रेमगीत लिखूँगा
मुझे इजाज़त दो ना!'

मुझे अब भी याद है

मुझे अब भी याद है
जब हम तुम मिले थे
उस साल बाँस के पेड़ों में फूल खिले थे
और तुम्हें तो पता ही है
बाँस के पेड़ों में फूल खिलने का मतलब
एक हवा ने मुझे तुमसे ऐसे जुदा कर दिया
जैसे कोई धान की बालियों से उनका रस निचोड़ ले
और तुम्हें तो पता ही है
किसी दाने के पाई हो जाने का दुख
हम तुम ऐसे बिछड़े
कि जैसे पकी हुई फ़सल को बिना काटे
कोई रियाया हिजरत कर जाए
मेरी ज़िंदगी से तुम्हारा जाना ऐसे ही था
जैसे सिर पे छठ की डाल लिए कोई घाट पर जाए
और उसे पता चले कि सूरज मर चुका है,
और नदी सूख चुकी है
कोई पूछे किसी से
दस्तक देते हुए जाड़े के रूमानी मौसम में
किसी से बिछोह का दर्द
किसी फूल के नहीं खिल पाने का ग़म
तुमसे बिछड़ने को किसी देवी का शाप मानकर
तुम्हारे आँचल को आकाश मानकर

और तुम्हारे हेयरबैंड को चाँद मानकर
मैंने तुम्हारी यादों को अपने सीने से लगा लिया था
लेकिन एहसास कोई किताब नहीं होती मेरी जान
जिसकी फ़ोटोकॉपी हो सके
तुम्हारे बाद तुम-सा कोई मिला ही नहीं
अब ये आलम है कि कोई गिला भी नहीं
बर्फ़ गिरी हुई है शाख़े-दिल पर
सर्द मौसमों में कोई फूल खिला भी नहीं
तुम्हारी याद में गुज़रते हुए दिन
तुम्हारी तरह ही ख़ूबसूरत हैं
मैं तुम्हें याद करता रहता हूँ
दिन रात महीने और साल
मैं बारहा ये सोचता हूँ कि
किसी सुब्ह आँख खोलूँ तो
तुम उगी हुई मिल जाओ मेरे खेतों में
तुम खिली हुई मिल जाओ मेरे बाग़ों में
झड़ चुके सरसों के दानों की तरह
तुम मेरे होंठों से लग जाओ
छलके हुए जाम के पैमानों की तरह
मगर अफ़सोस ज़िंदगी मिट्टी नहीं
जो गिरे और गड़े हुओं को
बड़ा करके लौटाए
ज़िंदगी समंदर नहीं
जो डूबे हुओं को उछाल दे
जैसे इत्र थामने वाले हाथों में
रह जाती है थोड़ी-सी ख़ुशबू
वैसे ही रह गई हो तुम

थोड़ी-सी मेरे पास
रहता है जैसे पाकर खोने
और खोकर पाने का एहसास
तुमसे मिलना स्वप्न सरीखा था
तुमसे बिछड़ना एक दुःस्वप्न जैसा
सब कुछ नींद में हुआ
मिलना भी और बिछड़ना भी
हक़ीक़त में हम कभी मिले ही नहीं
मेरे जीवन में प्रेम एक मरीचिका की तरह रहा
जिसके घटित होने का भ्रम हुआ
जो वास्तव में कभी घटा ही नहीं
मुझे इस बार प्रेम को घटित होते हुए देखना है
मैं तुम्हारा इंतज़ार करूँगा
वहीं जहाँ हम तुम पहली बार मिले थे
नदी के किनारे
मुझे तुम्हारे पाँवों को अर्घ्य देकर
उनका पानी पीना है
और तुम्हारे शाप से मुक्त होना है

गाँधी जयंती

कहाँ से चले थे, कहाँ पर आ गए
हम गाँधी से, गोडसे पर आ गए

ग़रीबी, बेरोज़गारी और इंसाफ़
ये मुद्दे अब, हाशिये पर आ गए

नयी नस्लों, सोचो ज़रा अब तुम
देखते-देखते, हादसे पर आ गए

गाँधी, अब तुम्हें जन्म लेना पड़ेगा
तेरे बच्चे, ख़ुदकुशी पर आ गए

हे पिता, तुम्हें करने को प्रणाम!
देखो, सब चोला बदलकर आ गए

एक प्रतियोगी छात्र द्वारा आत्महत्या करने की घटना पर

वो एक माँ का बेटा था जो घर से बाहर निकला था
बाप और छोटी बहन के सपनों का उड़न खटोला था
कोशिशें बहुत की उसने तक़दीर के मोती चुनने की
पूरी ताक़त से ख़ुद को उसने, सागर में डुबोया था

माँ को यक़ीं था उसके जन्मों की दुआ काम आएगी
बेटे की नौकरी के बाद बेटी को अच्छे घर में ब्याहेगी
बाप हर रिज़ल्ट में बेटे का रोल नंबर तलाशता रहा
किसे पता था व्यवस्था की व्हेल उसे निगल जाएगी

सियासत को क्या मालूम छोटे सपनों की क़ीमत
वो हर पाँच साल में अपनी बाज़ी खेल जाती है
बेहिसाब उम्मीदों का बोझ मत डालिए बच्चों पर
कभी बेटे लटक जाते हैं कभी बेटी झूल जाती है

अकेली राह

सुनो!
कहाँ तक जाओगे अकेले
कुछ दूर चलने पर
घेरे जाओगे
परिस्थितियों के पाश से
बाँधे जाओगे
कुतर्कों की रस्सी से
पीटे जाओगे
झूठ की लाठी से
सुनो!
लौट चलो
आगे अँधियारा है
मन को समझा लो
मन तुम्हारा है

काँटे से काँटा निकालने का हुनर सीख लो

काँटे से काँटा निकालने का हुनर सीख लो
बड़ी पुरख़ार है दुनिया दस्ते हुनर सीख लो

कोई फेंके गर पत्थर तो उफ़ न करो
उन पत्थरों से घर सजाने का हुनर सीख लो

ज़ुबाँ से हर एक बात कह न सको तो
चुप रह कर बात करने का हुनर सीख लो

राहे मंज़िल में दुश्वारियाँ हैं बहुत
तुम ख़ुद से सँभलने का हुनर सीख लो

बेवजह उलझाए तो कहाँ उलझता है हाथी
श्वानों से बचकर निकलने का हुनर सीख लो

ज़िंदा बचे तो बहुत कुछ है अच्छा करने को
तूफ़ानों से बचकर निकलने का हुनर सीख लो

जब कोई क़द्र ना हो रौशनी की 'शैलेंद्र'
तुम बादलों के पीछे छुप जाने का हुनर सीख लो

आहत होने के बाद

किसी से आहत होने के बाद
उससे अलगाव के दिनों को गिनना
कितना सुकून देता है

गोया एक उपलब्धि हो
मन संतोष से भर उठता है

एक भारीपन से मुक्ति
आत्मा को ईश्वर की तरफ़
उन्मुख करती है

ख़यालों के पीछे का ख़याल

ख़यालों के पीछे का ख़याल पढ़कर बात करता है
वो पहले सोचता है फिर सँभलकर बात करता है

उसूलों का है वो बस पाबंद इतना
पहले चेहरा देखता है फिर सवाल करता है

यूँ तो कभी किसी प्यासे को पानी भी नहीं देता
और महफ़िलों में सिर्फ़ दरिया की बात करता है

जब भी मिलता है बड़े पर्देदारी से मिलता है
ये कैसा दोस्त है जो सिर्फ़ मतलब की बात करता है

वो कौन शख़्स है जिस तक कोई सदा नहीं जाती
रहता है ज़मीं पर और आसमाँ की बात करता है

मुश्किल वक़्त का गीत

चढ़ता हुआ एक दरिया है उतर जाएगा
मुश्किल वक़्त ही तो है गुज़र जाएगा

पेड़ों ने सिखाया है आदम को बहुत कुछ
पतझड़ है अगर आज तो कल बसंत आएगा

ज़िंदगी है धूप-छाँव का एक अजब खेल
डूबा है जो आज तारा वो कल निकल आएगा

दबा हुआ है गहराइयों में जो कोयले की मानिंद
है ये क़ुदरत का करिश्मा वो हीरा बन जाएगा

दिल को साफ़ रखना इसलिए भी है ज़रूरी
ज़मीं जैसी होगी फल वैसा है आएगा

नाहक़ कुछ नहीं होता इस दौरे जहाँ में
जो आज बोओगे वही कल आएगा

कोशिशें अपनी जारी रखो तुम मुसलसल
पत्थरों से भी पानी निकल आएगा

जब मैं टूट जाऊँ

हे प्रभु
जब मैं टूट जाऊँ
तो ऐसे टूट जाऊँ

कि जैसे एक तारा टूटता है
जो टूटकर भी लोगों की
कामनाओं को पूरा करता है

जीवन के अनुत्तरित प्रश्न

जीवन के कुछ प्रश्न
अनुत्तरित ही रह जाते हैं
जैसे प्रेम को प्रेम क्यों नहीं मिलता
विश्वास को विश्वास क्यों नहीं मिलता

क्या यह ईश्वर की साज़िश है
जो यह चाहता है
कि वह व्यक्ति भी प्रेम को पा ले
जो प्रेम युक्त नहीं है
और वहाँ भी विश्वास के अंकुर फूटें
जहाँ विश्वास नहीं है
आख़िर बारिश भी तो
बंजर ज़मीं को उर्वर बना देती है

मनुष्य होने का अर्थ

दूर पेड़ के सबसे ऊँचे पत्ते पर बैठा
वह झूला झूल रहा है
शायद जीवन के उतार-चढ़ाव को
समझाना चाह रहा है
पेड़ से जुड़े रहने ज़रूरी है
जीवन ईश्वर और आत्मा के बीच की दूरी है
ईश्वर और आत्मा दोनों ही पवित्र है
दो पवित्र चिह्नों के बीच
कोई अपवित्र चीज़ नहीं हो सकती
यह जीवन मनुष्य के परिष्करण के लिए है
किसी ने सच ही कहा है
मनुष्य होने का अर्थ है
ईश्वर होने का प्रयास करना

दुख और सुख

न समझे जाने का दुख
दुनिया का सबसे बड़ा दुख है
और समझे जाने का सुख
दुनिया का सबसे बड़ा सुख
सारे दुखों और सुखों की उत्पति
इन्हीं दोनों क्रियाओं का परिणाम है
शेष
उत्तरकथाएँ हैं

सुनो

सुनो
मैं नहीं जानता कि
तुम्हारा
मेरे जीवन में होना
कितना मायने रखता है
लेकिन
मैं यह जानता हूँ कि
तुम्हारा
मेरे हृदय में रहना
बहुत मायने रखता है

ज़रूरी संदेश

राम और कृष्ण ने
जब अवतार लिया
उन्होंने एक चुनौतीपूर्ण
मानव जीवन को स्वीकार किया
शायद उन्हें भी परिष्करण की ज़रूरत थी
वे चाहते तो एक चुनौतीहीन जीवन का
चयन कर सकते थे
लेकिन उन्होंने मनुष्यों को संदेश दिया
समय कभी भी बदल सकता है
कभी घर छोड़ना पड़ सकता है
कभी प्रेमिका से हाथ धोना पड़ सकता है
और कभी प्रेम से वंचित होना पड़ सकता है

सीढ़ियों पर चढ़ती वो लड़की

सीढ़ियों पर चढ़ती वो लड़की
पायल की रुनझुन-सी आवाज़
और मेरा तेज़ धड़कता दिल
जब कपडे फैलाने छत पर आती थी
तो कपड़े की तरह मेरा दिल भी
लटक जाता था रस्सी पर
और झूलता रहता था
उसके उतारने आने तक
कपडे के पानी की तरह
मेरे हृदय का प्रेम भी
वाष्पित होता रहता था
एक दिन बादल बनकर
बरसने को मूसलाधार

कवि और स्त्री

एक कवि
एक स्त्री भी होता है
जैसे एक स्त्री गर्भ धारण करती है
मातृत्व की लालसा में
पुरुष के सहयोग से
वैसे ही एक कवि भी
अपनी अनुभूति को धारण करता है
अपने हृदय में
परिस्थितियों के सौजन्य से
और उसे बहुत समय पालता है
अपने हृदय की कोख में
जैसे एक स्त्री अपने शिशु को पालती है
अपने उदर की कोख में

जैसे एक स्त्री गुज़रती है प्रसव पीड़ा से
और जन्म देती है
एक शिशु को
वैसे ही कवि भी गुज़रता है
एक अव्यक्त पीड़ा से
और जन्म देता है एक कविता को
जैसे एक मनुज का जन्म
सिर्फ़ उसके लिए नहीं होता

वैसे ही एक कविता का जन्म
सिर्फ़ कवि के लिए नहीं होता
स्त्री और कवि दोनों ही सुंदर हैं

हाथ छुड़ाकर आगे मत निकलना

हाथ छुड़ाकर
आगे मत निकलना
किसी को गिराकर
आगे मत निकलना
तुम वक़्त से आगे
निकल भी जाना तो
कभी वक़ार से आगे
मत निकलना
दरिया में तैरना
एक हुनर है लेकिन
ख़तरे के निशान से
आगे मत निकलना
तुम हाशिये से बाहर
निकल भी जाओ गर
कभी हद से आगे
मत निकलना
कौन समझेगा ?
तुम्हें तुम्हारी तरह
जल्दी में ख़ुद से
आगे मत निकलना

जीवन की परीक्षा

जीवन एक ऐसी परीक्षा है
जिसके सभी प्रश्नों को
हल करने की हसरत
एक बेमानी हसरत है

जिसके कठिन प्रश्नों के
ग़लत जवाब लिखने से बेहतर है
उनको अनुत्तरित छोड़ दिया जाए

कम-से-कम जीवन की उत्तर-पुस्तिका में
एक सादा पेज होगा
जो देखने में सुंदर भी होगा
और हमारी ईमानदारी का सुबूत भी!

स्मृतियों के अग्निकुंड में

कुछ स्मृतियाँ
शीतल छाया की तरह होती हैं
जहाँ इंसान कुछ देर सुस्ताता है
और अपनी आत्मा को ट्रीट देता है

जबकि कुछ स्मृतियाँ
अग्निकुंड की तरह होती हैं
जहाँ इंसान बार-बार
ख़ुद को ख़ाक करता है

मैं ऐसे ही जल रहा हूँ आजकल
स्मृतियों के एक अग्निकुंड में

याद आने का ताल्लुक़

किसी की याद आने का ताल्लुक़
उसके लौटने से होता है
या फ़क़त इतना कि शायद
वो भी हमें याद कर रहा हो
किसी हिचकी जितनी सरल
और नेहपूर्ण क्रिया की मानिंद
या जीवन का कोई ख़ालीपन
हमें उसे याद करने पर मजबूर करता है

ये 'याद आना' भी बड़ी विचित्र क्रिया है
कोई आपकी स्मृतियों में लौटता है
चुपचाप बिना किसी पदचाप के
लेकिन उसके चुपचाप लौटने का शोर
आत्मा को उद्वेलित करता है
तो क्या वो वास्तव में
आपके जीवन में लौटेगा
जो बिना किसी पदचाप के
लौट रहा है स्मृतियों में

हमने अक्सर सुना है कि
घटनाएँ पहले ख़यालों में होती हैं
फिर वास्तविकता में

जैसे प्रेम पहले मन में होता है
फिर मूर्त रूप में
क्या हम किसी को बहुत ज़्यादा याद करके
उसे लौटने पर विवश कर सकते हैं

अपने हिस्से का हाँ

एक सच को
अपने हिस्से का
हाँ सुनने के लिए
सदियाँ गुज़र जाती हैं

जैसे पृथ्वी गोल है
इसकी हाँ सुनने के लिए
कई सदियाँ बीत गईं
किसी गैलीलियो को मरना भी पड़ा

प्रेम को भी इंतज़ार करना चाहिए
अपने हिस्से का हाँ सुनने के लिए
और ज़रूरत पड़ने पर
प्राण न्योछावर करने के लिए

यदि मुझे फूल बनाना

हे प्रभु
यदि मुझे फूल बनाना
तो किसी गमले का फूल नहीं बनाना
जो महकने से पहले
स्वयं की देखभाल की उम्मीद करता है
बल्कि मुझे किसी रास्ते के किनारे
बेपरवाही से उगा हुआ फूल बनाना
जो किसी से कोई उम्मीद नहीं करता
जो किसी गमले में क़ैद नहीं रहता
और महकता रहता है
हर किसी के लिए
बिना किसी सराहना की उम्मीद किए
और हो सके तो मुझे
ये सौभाग्य देना कि
शाम को जब कोई मज़दूर
अपने घर लौट रहा हो तो
वह मुझे तोड़कर अपने घर ले जाए
और अपनी प्रेयसी के बालों में लगा दे

तुम्हारा साथ

तुम्हारे साथ के एहसास को
शब्दों में हू-ब-हू
नहीं बाँधा जा सकता

वैसे ही जैसे
प्रत्ययों के संसार में

सिर्फ़ उनके पास तक
पहुँचा जा सकता है
उनके जैसा नहीं हुआ जा सकता

सीने का भारीपन

कोई ज़रूरी नहीं है कि
सीने का भारीपन
किसी बीमारी का संकेतक हो
यह किसी काव्य रचना के
प्रसव पीड़ा का संकेतक भी हो सकता है

कविता और शायरी
दिल के द्वारा दिमाग़ को सुझाई गई
एक दवा है
जिसमें मनुष्य के संपूर्ण चिंतन को
स्वस्थ करने की क्षमता है।

जीवन, कविता और प्रेम

जीवन के अंत समय में
मेरे पास
मेरी कविताओं के सिवाय
कुछ न होगा
मेरा अपना कहने को

मेरे बाद
मेरी कविताएँ
मेरे प्रेम को
अपने में वैसे ही
समाहित कर लेंगी

जैसे पृथ्वी ने सीता को
समाहित कर लिया था

कुछ भी अनावश्यक नहीं है

क्या तुमने कभी
बबूल के पेड़ से
आम फलने की
उम्मीद की है

वैसे ही मनुष्यों का
स्वभाव भी होता है

लेकिन जैसे बबूल
अनावश्यक नहीं है
वैसे ही कोई भी मनुष्य
अनावश्यक नहीं है

प्रेम को नज़र लगती है

सच्चे प्रेम को
सदैव से बहुत जल्दी
नज़र लगती है
सीता-राम
राधा-कृष्ण
हीर-राँझा
शीरी-फ़रहाद
सोनी-महिवाल
लैला-मजनू
इत्यादि का प्रेम
इसका उदाहरण है
इसीलिए प्रेम को
छुपकर करना चाहिए

ईश्वर होने की तैयारी

जैसे हम
अपने घर में
गंदी चीज़ों को
नहीं रखते

वैसे ही हमें
अपनी आत्मा को भी
बुरी यादों से
मुक्त रखना चाहिए

आख़िर हमें एक दिन
ईश्वर हो जाना है

ग़लत रास्ता

मैंने ख़ुद को
कितना कमज़ोर
कर लिया है

जिधर का नहीं था
उस ओर
कर लिया है

ओखली

ये किस ओखली में तूने
अपना सिर दे दिया है

जिसके पास दिल ही नहीं
उसे दिल दे दिया है

अगर लौटना हो तो

अगर लौटना हो तो
लौट आना हक़ीक़त में
सुनो! मगर कभी भी
मत लौटना स्मृतियों में
बहुत मुश्किल होता है
उन ध्वनियों को पकड़ पाना
जिसे तूने आख़िरी बार
अपनी आँखों से कहा था

क़ैद

ये कैसी क़ैद है मेरे मौला
जहाँ कोई दीवार भी नहीं
कोई मुंसिफ़ भी नहीं
सिर पे कोई इल्ज़ाम भी नहीं

जाने कौन-सा डर है
वो ख़ुद से मिलता ही नहीं
मैंने पूछा था एक छोटे बच्चे से
वो शख़्स गुनहगार भी नहीं

इंसान अपने ख़यालों की जेल में
क़ैद है इस क़दर
वो किसी और को समझता भी नहीं
और सुनने का तलबगार भी नहीं

चोर दरवाज़ा

दरवाज़े बंद रखोगे
फिर भी
अंदर आ जाएगा
वो फ़ोन और टीवी के
चोर दरवाज़े से
घर के अंदर आ जाएगा

ये ज़ेहनी नफ़रतों का
एक अलग ही दौर है
बच्चों को सँभालिए
वरना
नफ़रतों का रक्तबीज
उनके मन के अंदर आ जाएगा

अपनी जड़ों से कट चुके लोगों के लिए

गाँव से जाकर नगर तुम
गढ़ लिए हो
एक नया चोला मुलम्मा
मढ़ लिए हो
आदमी को आदमी ही
नहीं समझते
लग रहा है तुम ज़्यादा
पढ़ लिए हो

आज़ादी

क्या बताएँ
कितनी ख़लाओं के बरअक्स
आबाद हुआ है
ख़ुशियाँ मनाओ कि
आज हमारा मुल्क
आज़ाद हुआ है

तेरे होंठों के परवलय पर

तेरे होंठों के परवलय पर
एक छोर की दूरी तय करके
आराम करता एक तिल का चंद्रमा
जानता है कि उसे तेरे गालों के
डिंपल में डूब जाना है
और तेरी आँखों के झील से होते हुए
उनके किनारों को काजल लगाते हुए
तैरकर पहुँचना है
तेरे माथे के मध्य तक
बिंदी बनने के लिए
ताकि शीतल हो सके
सारी दुनिया...

क्षणिकाएँ

बुद्ध हो जाना

सभी विकृतियों से
शुद्ध हो जाना
इतना आसान नहीं
बुद्ध हो जाना

एक दीया

एक दीया
उम्मीद का जले
मेरी तुम्हारी
दीद का जले

यार

जैसा नहीं था
वैसा बना दिया
यारों ने मुझे
कैसा बना दिया

हवा

कोई हवा है
जो सबके चेहरों को
ख़ुश्क कर रही है

यहाँ हर एक शख़्स
बुझा-बुझा-सा रहता है

याद

तेरी याद है
कि कुआँ है
इतनी देर तक
गूँजती है

फूँक

फूँक मारूँ और धुआँ-धुआँ हो जाए
क्या करूँ कि वो शख़्स मेरा हो जाए

उसका नाम

उसका नाम लेने से
डरता हूँ मैं
शायद उससे मोहब्बत
करता हूँ मैं

कभी-कभी

कभी-कभी पूछ लिया करो कैसे हो
कुछ खाए-पिए हो या ऐसे हो
इश्क़ में बेतकल्लुफ़ हो गए हो
मेरी जान तुम भी मेरे जैसे हो

शिकारी

शिकारी ख़ुद
शिकार भी तो हो सकता है
आपको मुझसे
प्यार भी तो हो सकता है

दूसरी दुनिया

मुझसे मिलने को
दूसरी दुनिया से
आ रहे हो

बन के धूप
मेरे आँगन में
छा रहे हो

किसी दरख़्त से जुड़ा पत्ता हो जाए

किसी दरख़्त से जुड़ा पत्ता हो जाए
तुम आ जाओ तो अलबत्ता हो जाए
रात चाँदनी और ख़ुशियों का नगर
मेरा दिल भी शहर कलकत्ता हो जाए

असफल प्रेम

कविता और शायरी
असफल प्रेम में ली हुई
ज़मानत होती है
अपराध से मुक्ति
फिर भी संभव नहीं

होली के बहाने

रंग लगे मुझे और तू लाल हो जाए
आ गले मिल थोड़ा गुलाल हो जाए
बरसे प्रेम घटा कि धुल जाए नफ़रत
अबकि होली में ये कमाल हो जाए

पुरानी बस्ती उजाड़ के

पुरानी बस्ती उजाड़ के
नयी बस्ती आबाद करो
मैं तुम्हें भूल चुका हूँ
तुम मुझे याद करो

बाबा

कुछ नहीं देते तो दुआ देते हैं
इस तरह मुश्किलों को भगा देते हैं
बाबा ख़ुद नहीं पढ़ पाते मगर
सुबह सोते बच्चों को जगा देते हैं